高原明生 Akio Takahara
前田宏子 Hiroko Maeda

開発主義の時代へ

1972-2014

シリーズ中国近現代史⑤

Notus

Boreas

Zephyrus

岩波新書
1253

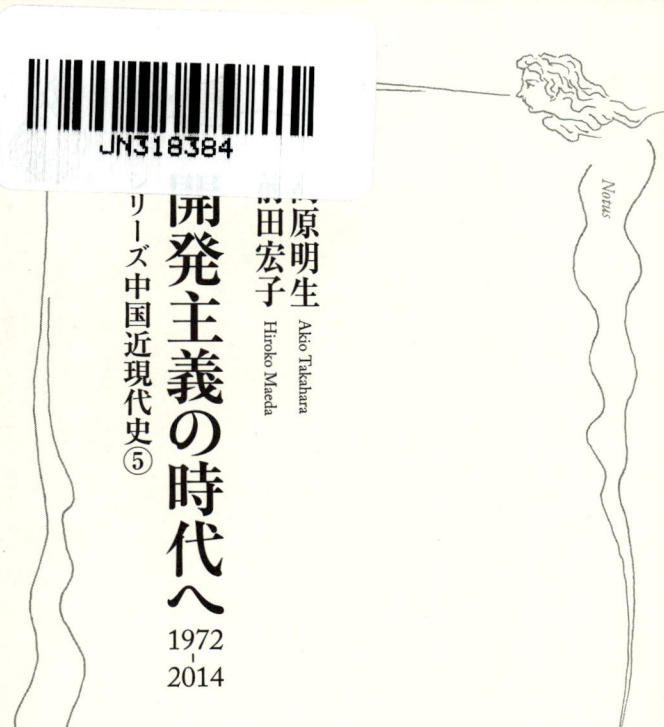

はじめに

中国はこれから、どこへ向かうのか。

世界第二の経済大国は、世界でも残り少ない、社会主義を標榜する国でもある。一党支配の下で市場経済が発展すればするほど、その実態と中国共産党が唱える理念との乖離は拡大していく。いま権力の座にある、習近平《しゅうきんぺい》をはじめとする革命元老の子弟たちは、現体制の「オーナー」として党の守護者を自任し、政治の統制強化と経済の規制緩和を同時に進めようとしている。だがそれは、左の足と右の足を異なる方向に踏みだすようなものだ。

社会矛盾が拡大すればするほど、党員や一般国民は戸惑い、相争う。西洋に反発し、毛沢東《もうたくとう》を思い出して左へ行くべきか、それとも後発国として近代西洋で発展した概念や制度をさらに受け入れ、右へ向かうほかはないのか。やがてはいずれかの方向に足並みがそろうだろうが、そこに至るまでの過程が暴力を伴わないと誰が保証できようか。

今後の中国の発展がどのような軌跡をたどるかは、対外関係にも大きな影響を及ぼさずにはいられない。一方では、減速し始めたとはいえ、他の大国に比べればかなり速い経済成長がつづいている。月面探査までやってのけた科学技術力はさらに伸長して国際的な影響力の増大に貢献するであろう。急速な国力の増長によって自信をつけた中国は、他国と摩擦を生じている領域では、利益確保のために既成事実をつくろうと動く。他方で、相変わらず被害者意識は強く、日米による封じ込めや包囲網の形成と思しき動きには敏感に反応する。そして共産党はその求心力を高めるために、ナショナリズムに一層頼るようになっている。

多面的で複雑な大国を隣人とするアジアの国々は、感情に流されず、冷静かつ理性的に中国のダイナミックな実像をとらえなければならない。いま日本の書店の棚は「嫌中本」であふれているが、果たしてそれでよいのだろうか。「外交センスなき民族は必ず凋落する」。吉田茂がその著書『回想十年』で紹介したウィルソン大統領の政治顧問、ハウス大佐の箴言を、われわれはダモクレスの剣ととらえて常に思い起こさなければならない。

中国の行く末を展望するためには、その来し方を振り返るのがよい。シリーズ中国近現代史の第五巻にあたる本書は、一九七二年から二〇一四年までの期間を対象としている。この時代区分に込められた意味は明らかであろう。すなわち本書は、一九七八年の第一一期三中全会が時代の分水嶺だったとする現在の中国共産党の正史とは異なり、敢えてその前後の連続性に着目する立場を取っている。そうすることによって、権力闘争における宣伝工作や、その勝者の語る歴史物語から思考が解放され、より正確な現代史理解が可能となる。その解放感を少しでも読者に感じていただければ、著者にとって望外の喜びである。

権力闘争の勝者が伝える歴史物語からの解放は、改革開放とは何か、それをどう定義するのかという問題とかかわる。著者の理解では、改革開放とは鄧小平《とうしょうへい》の権威と権力を表す政治的なシンボルにほかならない。だからこそ共産党は、実際には華国鋒《かこくほう》の政治的地位が保たれ、農家生産請負制が否定された第一一期三中全会を、改革開放の始まりだと敢えて唱えているのであろう。そこで本書では、理念としての改革開放を指す場合には「改革開放」と表記し、具体的な政策を指す場合には「改革・開放」あるいは「改革開放政策」と記すこととした。

もう一点付け加えれば、本書では「領導」という中国語を指導と翻訳せずに、そのまま領導と表記している。なぜかといえば、中国語の「領導」と「指導」には、中国政治を理解する上できわめて重要な意味の違いがあるからだ。すなわち、甲が乙を領導すると言った場合、甲は乙に対して指揮命令権をもち、乙は甲に服従する。だが甲が乙を指導する場合は、甲は乙に単なるガイダンスを施す権限をもつのみであり、そこに命令―服従関係は存在しない。

領導と指導の区別が明らかになった上で、外国人が現代中国政治を理解しようとする際に鍵となる点は、中国では党が国家を領導することである。その具体的な意味は党が国家の政策と人事を実質的に決めているということにほかならない。現在では党の中央政治局常務委員であり序列一位の習近平が国家主席を、二位の李克強《りこっきょう》が国務院総理を、そして三位の張徳江《ちょうとくこう》が全国人民代表大会常務委員長を兼ねているが、そこからわかるように、党と国家は人事上も機能上もかなり一体化している。だが一体化といっても、あくまでも党が上位に位置するくっつき方をしている。したがって、地方では党委員会書記がトップであり、省長や市長は多くの場合、党委員会の副書記であるにすぎない。また、例えば計画経済の看板を下ろして市場経済を目指すなどという重要な政策変更を行う際、まず改正されるのは党規約であり、その後で憲法が修正されるという順番をたどる。

以上の話からも見て取れるように、中国では経済も社会も政治から自由ではいられない。そういう事情があることも一因となって、本書の記述も政治、そしてその延長である外交にやや偏った観があるが、その点はご容赦願いたい。とくに、経済発展が動力となって中国社会を大きく変えていることがどのように政治に影響を及ぼすのかという問題について、事例をもとに深く検討するべきだが、それについては稿を改めるほかはない。

目　次

黒竜江
ハルビン
長春
吉林
内モンゴル自治区
瀋陽
遼寧
フフホト
北京
秦皇島
大連
天津
威海
山西
河北
銀川
太原
石家荘
煙台
寧夏回族自治区
陝西
済南
青島
山東
連雲港
黄海
黄河
粛
西安
鄭州
江蘇
河南
安徽
南通
合肥
南京
上海
湖北
長江
武漢
杭州
寧波
浙江
東シナ海
成都
重慶
南昌
温州
沖縄島
長沙
江西
湖南
馬祖島
尖閣諸島
福州
宮古島
貴陽
福建
台北
与那国島
廈門
石垣島
貴州
西表島
桂林
金門島
台湾
広西チワン族自治区
広東
汕頭
広州
深圳
香港
マカオ
珠海
北海
湛江
海口
海南
南シナ海

ウルムチ
新疆ウイグル自治区
甘
西寧
蘭州
青海
チベット自治区
ラサ
四川
昆明
雲南
国境線
省・自治区・直轄市境
省都・自治区首府
直轄市
経済特区・沿海開放都市
特別行政区

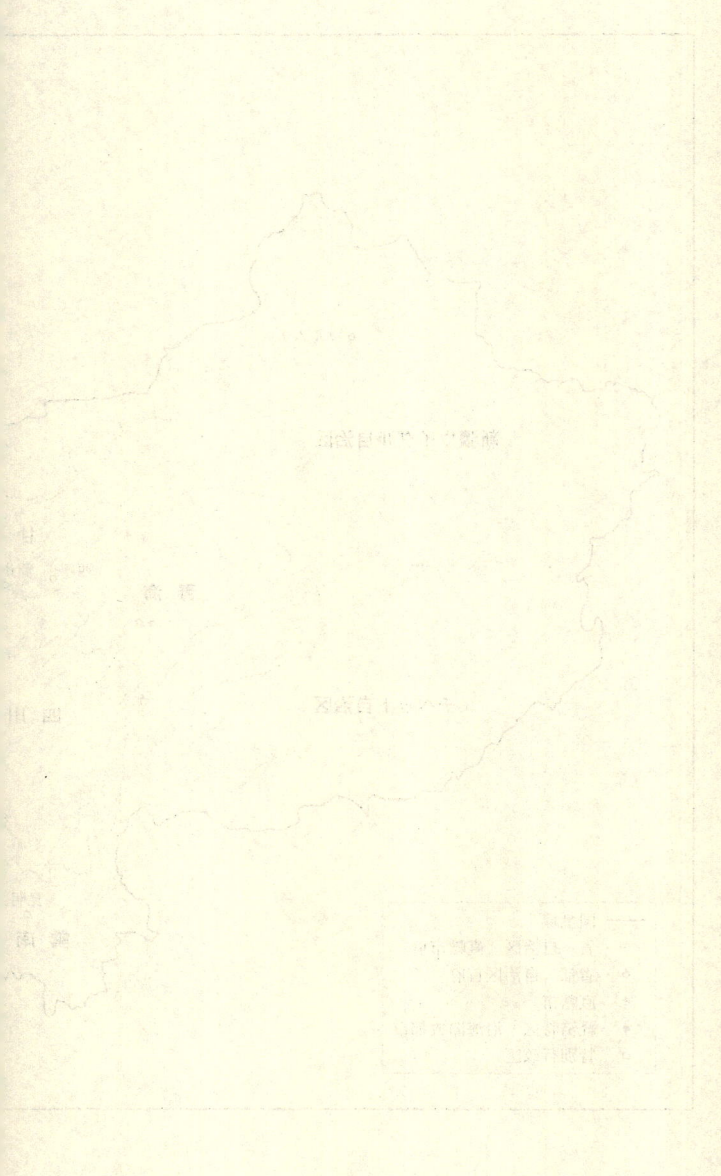

第1章　革命から発展への転換

一九七二―一九八二

鄧小平の写真をかかげ改革開放30周年を祝う街中の看板.
2008年北京(写真提供：ロイター／アフロ)

1　急進主義と開発主義――文革後半の葛藤

改革開放の始まりは

二〇〇八年、中国で初めて開催されるオリンピックを目前に、人々の心は大いに高揚していた。中国政府やメディアはその雰囲気を盛り上げるように、愛国心をかき立てる宣伝活動を行っていた。そのとき使用されたキャッチフレーズの一つが「改革開放三十周年」である。カラオケで若者が、改革開放三〇周年を讃える歌を熱唱するのを聴いたときは驚かされたが、中国が成し遂げた経済発展に、大いに誇りを抱いている様子が感じとれた。政府のスローガンに普段は冷淡な民衆にも、この言葉はすんなりと受け入れられているようだった。

一般的に、改革開放は一九七八年に開催された中国共産党第一一期中央委員会第三回全体会議（第一一期三中全会）が発端であったと見なされている。しかし、これは果たして正しい歴史認識だろうか。歴史を学ぶ者は、常に通説と呼ばれるものに気をつけなければならない。改革開放が一九七八年に始まったというのは後から形成されたストーリーであり、事実とは異なるという立場を本書は取る。

『人民日報』に「改革開放」という言葉が初めて掲載されたのは、一九八四年五月一八日のことであった。同紙の記事本文中に改革開放が使われたたのは、八四年がたったの二回、八五年が一六回、そして八六年が三八回に過ぎない。『鄧小平文選』の本文中に初めて改革開放が登場するのが、八六年三月二八日の談話のなかにおいてであった。それが八七年になると『人民日報』での登場回数は五〇一回へと飛躍的に増加するのである。

さらに、七八年よりも前、七二年の時点で、すでに対外貿易やプラント導入の動きは存在していた。その動機となったのは、経済成長の停滞による人々の生活の困難を改善しなければならないという毛沢東《もうたくとう》やその他の共産党指導者らの思いであった。文化大革命（文革）の最中ではあったが、毛沢東にも経済に力を入れなければという認識はあり、七一年には賃金の一部引き上げが行われ、七二年には経済重視が大規模なプラント導入政策となって表れた。よく知られているように、毛沢東は多面性を有する複雑な人物であり、政治を最重視しながらも、経済発展の必要性を決して忘れていなかった。

七六年九月に毛沢東が死去し、その翌月、江青《こうせい》、張春橋《ちょうしゅんきょう》、姚文元《ようぶんげん》、王洪文《おうこうぶん》の「四人組」が逮捕され、中国社会に多大な災難をもたらした文革は終焉を迎えた。七八年に開催された第一一期三中全会は、確かに現代中国史において一つのメルクマールとなる出来事であったが、当時は文革派の思想的な影響もまだ強く、この会議で改革に向かって完全に舵を切れたわけではなかった。文革中の七〇年代初めにおいて、後の開放政策につながる動きはすでに始まっており、開発主義と急進主義、そして七〇年代末以降は市場と計画、さらには地方と中央がせめぎあう中で、一進一退を繰り返しながら、改革・開放は定着していったのである。

また、七〇年代初めは、中国外交にとっても大きな転機が訪れた時期であり、米中接近や日中国交正常化などが実現した。中国にとっては、ソ連の脅威に対抗するという安全保障上の理由が主たる動機であったが、結果として、アメリカや日本との関係改善は、その後の中国の経済発展にとってプラスとして働くことになった。

経済重視の毛沢東

七一年の晩夏、視察のため長沙を訪れていた毛沢東は、付いてきていた部下たちに、周辺を偵察がてら目についたものを買ってくるようにと言った。地方に視察に行った際には、そうやって部下たちにその土地の世情を調査させ、世間でどのようなことが評判になっているのかを聞くのが毛の習慣の一つであった。

そのうち、部下の一人が楽しげな様子で帰ってきたので、毛がどうしたのかと尋ねると、彼女は嬉々としてこう答えた。「長い行列に並んで、テトロンのズボンを手に入れることができたのです」。テトロン(ポリエステル)生地は、当時中国の人々の間で大変人気があったが、入手が困難な品物であった。その話を聞いた毛は驚き、視察から戻った後、周恩来《しゅうおんらい》に「どうして(テトロンを)たくさん生産できないのか」と尋ねた。周が「わが国にはまだその技術がないので、生産できないのです」と答えると、毛沢東は重ねて「それなら買えないのか」と尋ねた。周は「もちろん買えます」と答え、その後、李先念《りせんねん》と余秋里《よしゅうり》を呼び、彼らにその件を検討し実行するよう指示した。

この逸話は、「化学繊維、化学肥料のプラント技術設備の輸入に関する報告」(一九七二年一月)を起草した陳錦華《ちんきんか》が、李先念と余秋里から聞いた話を書き記したものである。実際、七二年初めに国務院はプラント技術と設備を導入することを決定し、毛沢東や周恩来の支持を得て、化学肥料、化学繊維など機械設備八項目に関するプラント輸入が再開されることになった。さらに翌年(一九七三年)には、総額四三億ドルにのぼるプラントや機械の輸入案(「四三方案」)が決定された。文革の最中

地方を視察する毛沢東(出典『毛沢東外出和巡視記事 1949-1976(下)』)

ニクソン訪中．1972年2月21日，空港まで出迎えに来た周恩来と握手を交わすニクソン大統領（写真提供：AP／アフロ）

に、すでにこのような動きが起こっていたことは、あまり注目されないが無視できない出来事である。

これらの経済重視政策とほぼ時期を同じくして、外交の面でも中国は大きな転換を迎えた。七一年、キッシンジャー米大統領補佐官が秘密裏に中国を訪問し、同年一〇月に中国は国連の代表権を獲得、翌年にはニクソン米大統領の訪中や日本との国交正常化を実現した。中国にとって、このような外交政策転換の主たる動機が、ソ連の脅威に対抗する安全保障上の戦略的意図に基づくものであったのは間違いない。国内の経済政策と外交の大転換がタイミングを同じくして起こったのは、単なる偶然かもしれない。しかし、六〇年代半ば、米ソ両大国と厳しく対立していたことが、文化大革命の遠因となった可能性を考え合わせると、アメリカとの関係改善を見越した毛の心中において、貿易や経済協力への期待が、プラント導入などの決定を後押ししたのではないかと推測するこ

外交政策の転換

とも可能である。

四九年の建国から中ソ対立が激化するまでの間、アメリカは中国にとって「主要な敵」であった。時代によって対立の度合いには変化がみられ、例えば五〇年代に中国が平和共存政策を掲げたときには、アメリカに対していくらか融和的な姿勢を示したこともある。しかし、基本的にアメリカの「帝国主義」が敵視されていたのはもちろん、朝鮮戦争とベトナム戦争において米中は交戦しており、何よりアメリカは「台湾解放」を阻む最大の敵であった。支援していた北ベトナムが、六八年にアメリカと和平会談の席についたことは中国にとってショックであったが、その頃には、それにも増してソ連との対立の激化が、中国にとってより深刻な問題と捉えられるようになっていたのである。

伏線としての中ソ対立

中ソ対立の芽はすでに五〇年代後半から生まれていたが、当初その亀裂は外部からはなかなか見えなかった。対立は徐々に深刻さを増していき、五九年、ソ連は中国に対する軍事技術の提供を拒否し、六〇年には中ソ間で社会主義をめぐるイデオロギー論争が激化した。

その後も中ソ間の対立は続いたが、六〇年代には関係悪化を修復しようとする動きも見られた。中国国内には対ソ改善派と対ソ対決派が存在し、六五年には林彪《りんぴょう》・羅《ら》瑞卿《ずいけい》論争が発生した。

その争点は、アメリカに対する脅威認識、ソ連の信頼性などであり、林がソ連との対決をあくまで主張したのに対し、羅はソ連との協力を主張した。

ところが、六八年八月、ソ連がチェコスロバキアに侵攻すると、中国ではソ連脅威論が一気に高まり、六九年三月には中ソ国境に位置する珍宝島《ちんぽうとう》(ダマンスキー島)で中ソの軍事衝突が発生した。ソ連の脅威が現実のものとなり中ソ間の緊張が高まる中、同年六月には新疆《しんきょう》ウイグル自治区で、七月にはアムール河の八岔島《はったとう》(ゴルジンスキー島)で、八月には新疆で武力衝突が続いて発生した。そのような状況下、中国は同じ「敵」でも、中国領土に攻撃をしかけてくる可能性のより小さいアメリカと手を結ぶことを考え始めるのである。

日米の思惑

一方、アメリカのニクソン政権は、ベトナム戦争と対外貿易赤字で疲弊したアメリカ経済を立て直すべく、ベトナム戦争から手を引きたいと考えていた。ベトナムから撤退するためには、アメリカが撤退した後の地域の安定について中国と話し合う必要があった。もちろん、当時はまだ冷戦の最中であり、それまで敵視してきた共産中国との関係改善やアジア戦略の変更には、国内外の様々な方面からの反対が予想された。ニクソン訪中までの交渉や準備は、キッシンジャー大統領補佐官とごく限られた人々のみで、徹底した秘密主義のもと進められた。

そうして実現されたニクソン訪中は、日本政府にとって驚天動地の出来事であった。同盟国である日本にも、アメリカが米中関係改善を直前まで秘匿していたのは、当時の佐藤栄作政権にとって大きな打撃となった。実のところ、日本国内でもそれ以前から大陸中国との国交回復を望む声は存在し、とくに中国との貿易や投資による経済利益を重視する財界や親中派の政治家は、政府に大陸中国との国交正常化を進めるよう強く求めていた。また、当時の日本の一般民衆の対中感情は概ね好意的で、かつ戦争についての贖罪感から、中国に何らかの償いをすべきだと考えている人が官民ともに存在した。

台湾問題　日本が中国との国交正常化を進める際に、とりわけ問題となったのは、台湾の中華民国政府との関係をどう処理するかということであった。中華民国との関係を重視する親台派の強い抵抗もあり、大陸との政治関係の接近はなかなか進まなかったが、七〇年代初めには中華民国政府ではなく、中華人民共和国と外交関係を樹立する国が続出し、そのことも日本が大陸中国との関係を再考する一助となった。そのような中で起こった米中接近および中国の国連加盟は、日本を対中国交正常化へ向けて突き動かす大きな衝撃となったのである。

七二年七月に田中角栄内閣が発足すると、対中積極派の大平正芳が外相に就任し、中国との国交正常化に向けた動きが加速されるようになった。国交正常化にあたり日本側がとくに懸念

日中国交正常化．1972 年 9 月 27 日，北京の私邸を訪れ，毛沢東と面会する田中角栄と大平正芳(写真提供：朝日新聞社)

していたのは、日米安保体制に対する中国の反対、賠償問題、そして台湾問題であった。しかし、田中政権が発足した直後に中国を訪問し、周恩来と面談した公明党の竹入《たけいり》義勝委員長は、中国は日米安保条約に反対せず、賠償請求権を放棄するという周のメッセージを持ち帰り(竹入メモ)、そこでまず二つの障害が取り除かれることになった。

残る台湾問題は、七二年九月の田中訪中の際、日中双方の話し合いと妥協の結果、①日本は中華人民共和国が中国の唯一の合法政府であることを承認する、②日本は、台湾を領土の不可分の一部であるとする中華人民共和国政府の立場を理解し、尊重する、ということで決着した。つまり、日本は中国側の台湾に対する主張を理解するが、台湾が中国領だと必ずしも認めたわけではない、という立場である。

この内容は日中共同声明に盛り込まれ、大平外相は、台湾との日華平和条約は「日中関係正常化の結果として存続の意義を失い、終了したものと認められる」と表明した。田中内閣は台湾政府からの反発や報復を心配したが、日台断交のための特使となった自民党の椎名悦三郎の努力もあり、台湾は日本を批判しながらも、「わが政府は依然として（日本側と）友誼を保持し続ける」と表明し、日本側は胸をなでおろした。

尖閣問題の起源

ところで、田中訪中の際、尖閣《せんかく》問題はどのように扱われたのだろうか。中国が、尖閣諸島の領有権を主張しはじめたのは七一年一二月である。六八年に国連アジア極東経済委員会（ECAFE）が、尖閣周辺に海洋資源が存在する可能性を示したレポートを公開すると、まず台湾が七一年に尖閣に対する領有権を主張しはじめ、中国もそれに続いた。周恩来は、七二年七月の竹入との会談で「竹入先生も関心が無かったでしょう。私も無かったが、石油の問題で歴史学者が問題にし……この問題は重く見る必要はありません」と述べ、九月に訪中した田中首相に「尖閣諸島についてどう思うか」と問いかけられると、「今回は話したくない。今、これを話すのはよくない」と返している。

日本外務省は、七二年七月に「わが政府としては、同諸島がわが国の領土であることは議論の余地なき事実であるので如何なる国の政府とも同諸島の領有権問題につき話し合う考えはないとの立場」を確認していた。中国側は、日本側も領土問題の存在を認めつつ「棚上げ」することで同意したと主張しているが、日本は中国側の姿勢を探りはしたものの「領土問題」の存在を認めてはいない。また、当時の日本では、賠償問題や台湾問題に比べれば、尖閣問題はさして重要な問題とは認識されておらず、この問題がそれから約四〇年後に日中間に深刻な危機を引き起こすことになると予見していた日本の政治家は、ほとんど皆無であっただろう。

文革期の経済成長

文化大革命といえば、それが中国の伝統や既存の制度を打ち壊し、社会に混乱を招いたということ、また「吊るし上げ」の対象とされた人々やその家族に悲劇がもたらされたことなどがよく語られるが、文革中の経済がどうであったかということについて語られる機会は多くない。

文革は中国経済を破壊したというイメージが強いが、実は文革期に中国の経済は成長していた。同時期には労働人口が増えたが、賃金はほとんど上がらなかった。つまり、消費を抑えて投資を増やすことにより確保した経済成長率であった。ゆえに人々の生活は貧しく、投資も効率が悪かった。科学技術が軽視されていたため生産性も上がらない。それにもかかわらず成長率が高かった原因は、おそらく当時の地方分権、つまり地方政府への権限委譲政策にある。地方は財政収入を増やし、雇用機会を創出するために、地域経済を活性化しようと積極的に投資を行った。先述したプラント導入についての報告を起草していた陳錦華の元には、多くの地方幹部が導入プロジェクトを自分の地元に置いてほしいと陳情に押しかけた。

六六年から七五年までの一〇年間の経済成長率は高く、とくに混乱の大きかった六七、六八年はマイナス成長であるが、六九年以降の伸びは非常に大きかった。この点に関し、統計が間違っているのではないかという説もある。確かに、当時の統計に正確さを求めるのは難しい面もあるが、その時期の前後の経済規模を比べてみれば、その間の成長率の計算を大きく間違えることはないだろう。

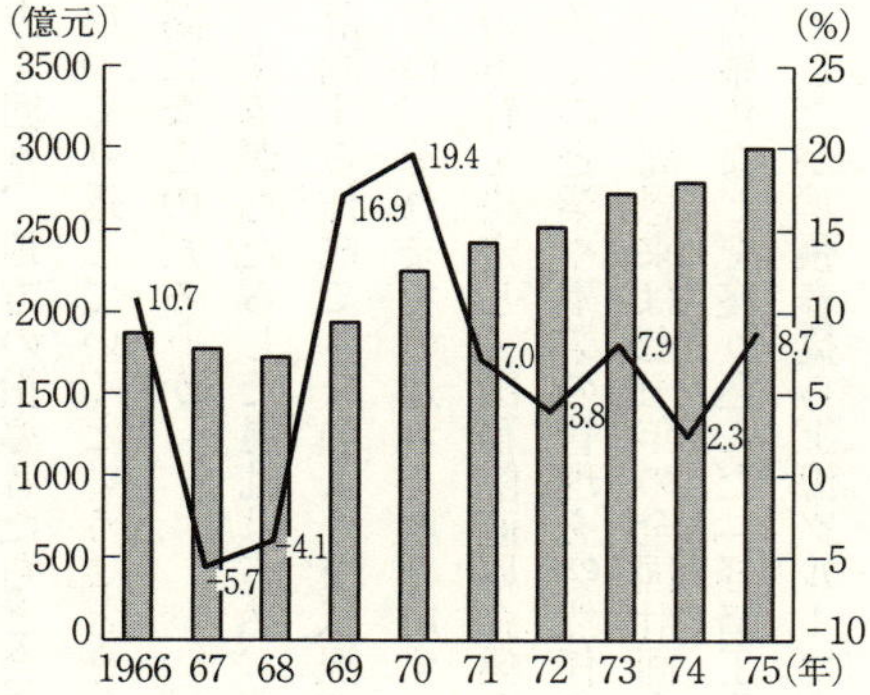

文革期における中国のGDPと経済成長率(前年比)の推移.中国統計年鑑より作成.

「改革」とは何か

改革開放の「改革」とは何を指すのかというときに、よく見られるのが中央集権的計画経済体制の改革だという説明である。中央集権的計画経済がうまくいかなかったから、改革が推進されたのだというレトリックだが、実はそこには矛盾が存在する。というのは、文革のときの毛沢東の経済政策は地方分権の推進だからである。毛沢東は文革を始めるときに、南方の地方を回り、地方の指導者たちと会議を次々と開き、中央統制主義的な政策を批判して、それをひっくり返していくということを行った。それなのに、なぜ中央集権的計画経済の弊害という話になるのだろうか。

文革がもたらした混乱は当然、経済面にも波及し、六七、六八年の二年間は国民経済の年度計画すら作成できないような状況であった。周恩来は第三次五カ年計画の最後の年である七〇年に、それまでの遅れを取り戻すべく、二～三月に開催した全国計画会議で大々的な工業再編の方針を決定し、国務院直属企業と事業単位の大半を地方の管理に委ねることにした。だが、多くの企業や事業の管理を突然任された地方政府に十分な管理能力が備わっていたはずもなかった。周恩来は七三年の全国計画会議で、中央の統制強化や、企業管理における権限と責任の明確化などを盛り込んだ「経済工作十条」を提出し、七〇年に行った改革の調整に取り組もうとしたが、張春橋ら上海グループの反対により実現を阻まれた。

周恩来批判と鄧小平の復活

七二年から七三年にかけてはプラント導入も進められ、経済再建が進められるが、七三年に毛沢東は周恩来批判に舵を切る。発言力を強めた周を牽制すべきだと考えるようになったのかもしれないが、周に対する不満は、周への批判を強める一方で発展を重視する鄧小平《とうしょうへい》を復帰させたことにも見られるように、その経済政策に対してというより、外交政策に関するものであった。

七〇年代は米ソ間でもデタントが進展し、七三年六月に米ソは核戦争防止協定に調印した。同月、北京の米国中国駐在連絡事務所から米ソ関係に関する報告を受けた中国外交部は、その概要を報告書にまとめ、周恩来の確認を経た後に毛沢東の元へと送った。毛は、周恩来が修正した箇所すべてに印をつけ、その内容を批判した。不穏な空気を察知した周恩来は、すぐさま文書をより厳しい論調へと修正した。

さらに、外交部が当時の世界情勢に関する論評を内部刊行物『新情況』第一五三期に掲載すると、その内容についても毛は強く批判した。論評は、米ソが結託して世界を牛耳ろうとしているという観点を示していたが、米ソ接近に不満を持つ毛沢東は「現在の世界の主な傾向は革命である」として、外交部を管轄している周恩来を暗に批判したのである。毛沢東の周恩来に対する一連の批判は、批林批孔《ひりんぴこう》運動へとつながっていくことになった。

鄧復活の要因

他方で、毛沢東が周批判を始めてまもなくの七三年三月、毛の提案によって鄧小平は政治の世界に復帰した。一般的には、周恩来の病が進行したため、毛は鄧小平を呼び寄せたと言われているが、実際には周の影響力が低下した後の仕事をさせるために呼び戻したのであろう。

毛沢東と鄧小平. 1959 年 3 月
（写真提供：fujifotos／アフロ）

鄧小平は、六八年、第八期一二中全会で劉少奇《りゅうしょうき》とともに失脚していたが、劉少奇とは違い党籍は剝奪されず、六九年一〇月から江西省で幽閉生活をおくっていた。ともに実権派でありながら、劉少奇が徹底的に打倒されたのに対し、鄧小平が復活できた要因については、鄧自身のしたたかさもあろうが、毛沢東の以下の言葉がヒントになる。

七二年一月、陳毅《ちんき》の追悼大会で、毛沢東が鄧小平の名を口にしたと聞き及んだ鄧は、直ちに二通の自己批判書簡を書いた。毛沢東はそれに対し、「鄧小平は劉少奇とは異なるのであり、（鄧は）かつて井崗山《せいこうざん》で毛沢譚《もうたくたん》（毛沢東の弟）らと共に毛派として失脚し、歴史問題は存在せず、劉伯承《りゅうはくしょう》（中国人民共和国十大元帥の一人）を助け戦功をあげた」などとして、鄧小平を擁護するコメントを書いた。これによって、七三年二月、鄧小平は江西省から北京に呼び戻され、その翌月、職務復帰および副総理への復帰を果たした。

「四人組」の煽動

実権派の鄧小平が復帰する一方で、七三年八月に開催された第一〇期一中全会において、王洪文は五人の副主席の一人に選ばれ、江青、張春橋、姚文元、王洪文から成る「四人組」も再び影響力を盛り返し、猛烈な周恩来批判を始めた。七四年一月、江青が中心となり「林彪と孔孟の道」という文書を発表するが、その内容は林彪や孔子・孟子を反革命的で後退的だと批判しながら、実のところ「現代の儒者」「党内の大儒」である周恩来を批判の的にしているのは、誰の目にも明らかであった。

「四人組」の煽動によって、批林批孔運動は軍や党を巻き込んで広がっていったが、それは生産活動へも悪影響を及ぼした。運動が党中央レベルから末端にまで広がり、抗争によって生産活動の進捗を遅らせただけでなく、製品の品質悪化につながることもあった。例えば、「四人組」の影響力が強い上海石油化工総廠は、「古いしきたりを打ち破り、基本建設の工事手順を打破し、新たな手本を樹立する」ことばかりに熱心になり、通常の工程やチェックを怠った結果、工事の品質管理に問題が発生し、安全性さえ危ぶまれるような事態が生じた。

政治運動による混乱のなか、七四年六月の国家計画委員会の党中央政治局への報告において、上半期の工業生産が下降傾向にあるとの懸念が示されると、今度は、毛沢東は「四人組」を批判するようになった。このように、毛沢東の行動には、特定の個人やグループが影響力を持つようになると、常にその力を削いでバランスを取ろうとするかのような傾向が見られた。

「四つの現代化」の再提起

七四年後半、周恩来が病気(癌)のために入院すると、王洪文が党中央での仕事を担当し、鄧小平は第一副総理となって国務院の仕事を引き継ぐことになった。七四年一二月、周恩来と王洪文に面会した毛沢東は、鄧小平を党副主席と中央軍事委員会副主席兼人民解放軍総参謀長に任命するよう提案した。この時点における毛の鄧に対する評価が、非常に高いものであったことがうかがえる。

七五年一月に開催された第一〇期二中全会で、鄧小平は党副主席に選出された。同月、一〇年ぶりに開催された第四期全国人民代表大会(全人代)第一回会議で、周恩来は政治報告を行い、工業、農業、国防、科学技術の分野で近代化を達成すべきだとする「四つの現代化」を再提起した。六四年に周恩来が最初に「四つの現代化」を提起してから一〇年以上が経って、ようやく老宰相の宿願は鄧小平の手にゆだねられることになったのである。

2 「二つのすべて」か実践か――イデオロギー闘争の継続

三つの指示

毛沢東の思想には、開発主義的な考え方と急進主義的な考え方との両方が存在していた。毛沢東はその最晩年である七四年末から七五年にかけ、三つの相互に対立しあうような指示を出している。それを、異なる政治勢力がそれぞれ都合のいい形で、都合のいい部分のみを利用したことにより、争いが生じた。

　三つの指示のうち一つめは、プロレタリア独裁によるブルジョワ的諸権利の制限であった。労働に応じた分配という社会主義の原則を否定し、貨幣交換や商品すらも批判する、かなり急進的な指示である。これは「四人組」に利用され、プロレタリア独裁理論の学習運動などを推進する際の根拠とされた。

　二つめの指示は、安定団結ということであり、これは主に「四人組」を対象とした批判であった。派閥を成して権力闘争をすることを諫める内容であり、指導部は団結し、協力しなければならないというものである。

　三つめの指示は、経済担当の副総理であった李先念に語った、国民経済のレベルを引き上げよというものである。この指示に沿う形で、鄧小平を党の副主席、第一副総理、総参謀長という要職に引き上げ、病身の周恩来に代わり、党中央の日常活動を主宰する立場に立たせた。

「整頓」の推進

　復帰した鄧小平のイニシアティブの下、鄧が「整頓」と呼んだ、文革の混乱からの回復が進められた。停止していた大学の入試再開、生産活動の規律化、鉄道部門や地方レベルでの、また思想分野における文革的な派閥抗争の解決が実現され、

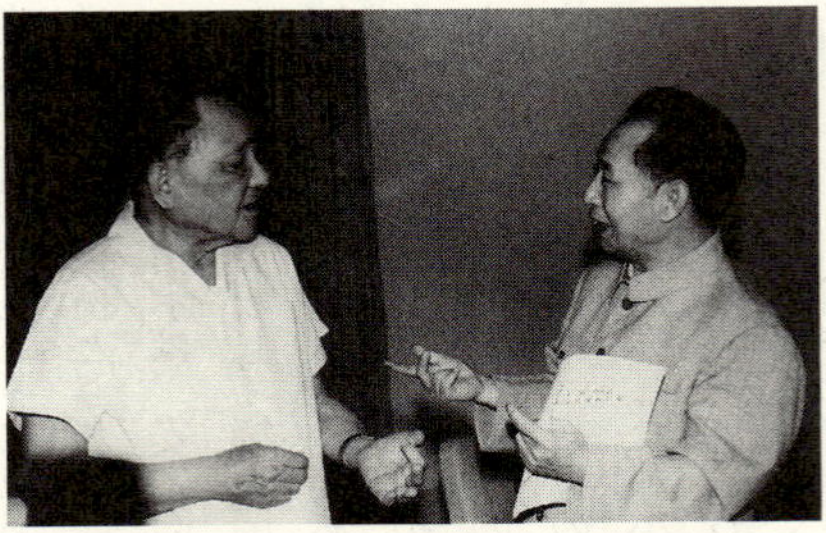

鄧小平と胡耀邦(写真提供:新華社=中国通信社)

それらを通じた国民経済のレベルアップが強力に推し進められた。また、それらの政策を推進するために、鄧小平は胡耀《こよう》邦《ほう》を中国科学院副院長に、万里《ばんり》を鉄道部長に、そして胡喬木《こきょうぼく》と鄧力群《とうりきぐん》を国務院政治研究室の責任者に任命した。彼らは鄧小平の腹心として、その後も改革開放を担うことになるメンバーである(だが後に、胡喬木と鄧力群は抵抗勢力へと転じていく)。

鄧小平は、中国を近代的農業、近代的工業、近代的国防、近代的科学技術をそなえた社会主義の強国とする目標を掲げ、そのために新しい技術と設備を導入し、輸出を拡大しなければならないと主張した。七五年には、後の改革開放を先取りするような、かなり大胆な立て直し政策が図られた。

カタツムリ事件

しかし、「四人組」をはじめとする文革推進派は、もちろん黙ってそのような動きを見過ごしていたわけではなかった。たとえば、対外貿易政策を批判する立場から江青が引き起こした事件の一つに、「カタツムリ事件」(一九七三年)がある。当時、中国はカラーテレビを研究開発しようとして自前での研究を進めていたが、うまくいかず、国務院はカラー・ブラウン管の生産ラインを輸入するため、アメリカに調査視察団を送った。視察団を受け入れたアメリカのコーニング社は、メンバー全員に自社が生産した水晶のカタツムリの置物を贈ったが、それを知った江青は「カタツムリのように歩みがのろいと言って我々を罵り、侮辱しているのだ」と難癖をつけ、カラー・ブラウン管を海外から導入しようとする国務院を「売国主義、洋奴(西洋の奴隷)哲学に侵されている」と罵った。周恩来は、調査の結果、カタツムリはアメリカで幸福と吉祥を象徴するもので問題ないとしたが、結局、この騒動の影響でカラー・ブラウン管の生産ライン導入が数年遅れることになった。

葉剣英(写真提供:新華社＝中国通信社)

人民解放軍における「整頓」

葉剣英《ようけんえい》(中央軍事委員会副主席)、陳毅、徐《じょ》向前《こうぜん》らの抵抗も功を奏せず、文革の影響は人民解放軍にも及んでいた。教育活動の停止や軍事訓練時間の大幅な削減などが起こったが、林彪事件後は葉剣英、鄧小平らによって是正策が進められた。七一年九月、文革推進派の影響を強く受けていた中央軍事委員会弁事組が廃止され、葉剣英の主宰する中央軍事委員会弁公会議が成立、訓練を中心とした軍事活動を回復し、七三年末には全国で四一カ所の軍関連学校を復活あるいは新設することが批准された。

このような動きも批林批孔運動が始まると再び停滞を余儀なくされるが、七五年、中央軍事委員会副主席兼人民解放軍総参謀長に就任した鄧小平は、軍の混乱状況を正すべく、規定制度や編成体制の確立、規律や団結回復のための政治工作の強化、兵器装備の改善などを推し進めた。

三度目の失脚

しかし、七五年秋以降、毛沢東は「整頓」を進めていく鄧小平に不信感を募らせるようになった。鄧小平は文革に恨みをもっており、三つの指示を要とすると言いながら実際は国民経済のことばかりやっている、三つの指示を要だとする言い方はそもそも間違いであり、階級闘争だけが要なのだ、と毛沢東は述べて、鄧小平を批判した。

なぜ鄧小平を引き立てた毛沢東自身が、鄧に対する態度を変えるようになったのだろうか。第一に、鄧の「整頓」の進め方があまりにも急であったため、毛の目には、鄧が文革を否定しようとしていると映った。第二に、王海容《おうかいよう》や唐聞生《とうぶんせい》に代わり、毛沢東の連絡係として新しく毛《もう》遠新《えんしん》(毛沢東の甥)がその任に就いたが、彼は「四人組」と関係が近く、毛沢東に鄧小平の悪口を吹き込んだ(毛沢東の死去後、「四人組」が逮捕された際には、彼もいっしょに拘束された)。七五年八月には「水滸伝」批判に名を借りた鄧小平批判が始まり、七六年三月には、毛沢東は鄧小平について「二つの態度がある。一つは文化大革命に不満なことであり、もう一つは(失脚の)仕返しをしようとしていることだ」と発言した。

当時、鄧小平は党中央の活動を主宰しており、自分が主宰する政治局の会議で自身を批判させるという苦境が七五年末から七六年初めにかけて続いた。七六年四月の清明節の際、一月に死去した周恩来を偲ぶ人々が天安門広場に自然発生的に集まり、当局との間で衝突が発生すると(第一次天安門事件)、鄧小平は民衆を煽動した黒幕としてすべての職務から解任され、三度目の失脚を経験することになった。

ただ、毛は第一次天安門事件で鄧を完全に解任するまで、その処分を躊躇していた。そこからは、毛の経済に対する思い入れを見て取ることができる。それゆえに、鄧の後任として「四人組」の一員である張春橋ではなく、華国鋒《かこくほう》を登用したのであろう。

毛沢東の死去と「四人組」の逮捕

毛沢東は一九七六年九月九日に死去した。それから一カ月も経たない一〇月六日、華国鋒は「四人組」を逮捕した。逮捕のための実働部隊を周到に準備し、手配したのは葉剣英や李先念、そして毛沢東に信頼された中央警衛局第一書記の汪東興《おうとうこう》らであった。

「四人組」が逮捕された後、中央政治局はただちに全会一致で華国鋒を中国共産党中央委員会主席、中央軍事委員会主席に選出し、中央委員会全体会議はそれを追認した。「四人組」の影響力が最も大きかった上海では武装蜂起の危険があったが、北京から上海に送りこまれた蘇《そ》振華《しんか》、倪志福《げいしふく》、彭沖《ほうちゅう》、陳錦華らは、南京軍区や海軍上海基地の協力を得て、上海の民兵組織を平定し、「四人組」勢力は排除された。

華国鋒の台頭

それにしても、華国鋒は文化大革命の中で台頭してきた人物であり、「四人組」も文革の中心にいた人物たちである。文革を背景に力をつけてきたという点は同じであるのに、どうしてこの両者は対立することになったのだろうか。

七六年二月、総理代行となった華国鋒は、鄧小平に代わって党中央の日常活動を主宰するようになり、その決定が同年の第一号文件という形で全党に発せられた。張春橋は日記において、その決定を激しく批判し、間違った路線は結局行き詰まると記している。では、華国鋒との路線の違いとは何なのかといえば、それは経済政策に関する立場の違いであった。

華国鋒の経歴を見ると、出身は山西省だが、湖南省の地方幹部として台頭してきた人物であり、「革命に力を入れ、生産を促進する」ことで名を上げた典型的な地方幹部であった。五二年に毛沢東の故郷である湖南省湘潭県《しょうたんけん》の党委員会書記に就任し、その上級行政区である湘潭地区党委員会書記であった五五年、農業集団化に関する仕事により毛の賞賛を得た。その後、毛沢東の引き立てにより湖南省党委員会に昇任し、人海戦術による大型灌漑工事を続けて成功させた。七〇年に湖南省第一書記、七三年には中央政治局委員、そして公安部長に就任するというスピード出世を遂げた。地方にいる時の彼の業績からしても、また彼が党中央の日常活動を主宰するようになってからのやり方を見ても、華国鋒が大躍進的な、大々的な経済発展を強力に推進する考え方の持ち主であったことは間違いない。

それに対して「四人組」は、経済を重視することは経済主義であると批判する立場に立ち、ブルジョワ的諸権利を制限すべきだとか、賃金を上げるべきではないなどの主張を繰り広げていた。ただし、賃金の引き上げに反対だったからといって、「四人組」が人民を軽視していたかといえば、一概にそうとも言えない。例えば、さきに挙げた張春橋の日記の中で、彼は、大多数の人のために利益を求め、どのような状況にあっても常に人民大衆の側に立つこと、それが勝利なのだと書いている。少なくとも、彼自身の頭の中には人民は存在していた。

張の考えていた人民とは、例えば労働に応じた分配の原則を貫徹することによって弱い立場に立たされるような、社会的弱者のことを指していたとも解釈しうる。しかし現実には、市井の人々の間では「四人組」の言動に対する反発の方が強かった。それが、七六年四月、天安門において、周恩来を追悼する活動の中で噴出するに至ったのである。

華国鋒の経済政策

鄧小平は華国鋒について、単なる過渡的な人物であり、一つも独立したものがなく、すなわち「二つのすべて」だったと述べたことがある。「毛主席が行ったすべての決定を断固として擁護し、毛主席のすべての指示に終始変わらず従う」という方針にしがみつき、新機軸は何一つ打ち出すことがなかったと言わんばかりである。

毛沢東と華国鋒(写真提供：AFLO)

華国鋒のリーダーシップの下で七八年に決定された、海外からの大型プラントの大量輸入とそれによる国民経済の快速発展政策は失敗に終わり、のちに「洋躍進」と揶揄された。その責任がひとえに華国鋒にあるとされたのと対照的に、鄧小平は文革後の中国に経済発展をもたらした改革開放の総設計師と賞賛されている。だが実際のところ、華国鋒と鄧小平の経済政策に大きな違いはあったのだろうか。

最終的に毛沢東が華国鋒を後継者に指名したのは、七六年天安門事件後の四月末のことであった。すでに言葉が不自由であった毛は、報告に訪れた華に対し、「ゆっくりやりなさい、焦ってはならない」「過去の方針に照らしてやりなさい」「あなたがやれば私は安心だ」と書いて見せたと言われている。毛は、華が自分を裏切って文革を否定する可能性がなく、また経済発展にも熱心で実績もある点などを評価したと考えられる。

十カ年規画要綱

さきに述べたとおり、華国鋒は国民経済の向上を重視する立場に立っており、その点は鄧小平と共通していた。七八年二月の第五期全人代第一回会議で採択された「国民経済発展十カ年規画要綱」(一九七六―一九八五)では、一〇の大鉄鋼基地、九つの大有色金属基地、八つの大石炭基地、一〇の大油田とガス田、三〇の大発電所などを八五年までに建設することが盛り込まれた。こうした性急な開発政策は、科学的な根拠を欠き、現実からかけ離れていたと後に糾弾された。

しかし実は、この「十カ年規画要綱」の作成は、鄧小平が党中央と国務院の日常活動を主宰していた七五年にすでに基本的に完成していた。そもそもは、毛沢東が五カ年計画を積み上げて中国の経済水準を世界的な水準に引き上げるよう指示したのに基づき、周恩来が七五年一月の全人代での政府活動報告で十カ年規画作成の任務を提示し、国家計画委員会が草案を作成したものであった。

草案は鄧小平の主宰する国務院会議、そして政治局会議での多くの討論と修正を経て、毛沢東の同意を得た上、全国計画会議でさらに討論された。国民経済の高速発展を目標とする点で、華国鋒と鄧小平のどちらも、毛沢東の開発主義者としての側面を受け継いでいたのである。

真理基準の相違

華国鋒が改革開放に反対であったかといえば、実はそうではない。七八年半ばに開かれた「大慶《だいけい》に学び大寨《だいさい》に学ぶ全国財貿会議」において、華は次のように語った。

「われわれの政治制度と経済制度の多くの部分には依然として欠陥がある。それらは、四つの現代化を実現するという要求にはふさわしくないものであり、生産力を束縛し、生産力の発展を阻害するものだ。(中略)気迫をもって断固、かつ適切に、上部構造と生産関係のうち生産力の発展にふさわしくない部分を改革しなければならず、(中略)かつ外国の先進的な科学技術と企業管理方法のうち科学に即した側面を吸収しなければならない。」

七八年一一月から一二月にかけて開かれた中央工作会議の開幕式において、華国鋒は政治行政制度の改革の必要性を強調したほか、特にこれまで自分たちが市場競争を重視してこなかったことを自己批判した。また、元々は鄧小平の提案によるとも言われるが、華は同じ講話の中で、翌七九年一月より全党の活動の重点を社会主義近代化建設に移すよう政治局が決定したことを表明している。すなわち、政治と経済の制度改革を求め、党の活動重点を経済発展に移すことについて、華国鋒と鄧小平の間では認識の齟齬はそれほどなかった。

それにもかかわらず、両者の間には基本的な考え方の相違が存在した。それは、何が正しく、何が間違っているか、是と非を判断する基準、言い換えれば真理の基準をどこに求めるかについての相違であり、根本的な部分での思想の不一致であった。

二つのすべて

華国鋒や汪東興らは、毛沢東の決定と指示を堅持する「二つのすべて」と呼ばれる方針を打ち出した。これに加え、華国鋒は「毛主席のイメージを損なうすべての言動を制止しなければならない」という、もう一つの「すべて」についても語っている。華にとっては、毛沢東の権威を守ることこそ中国共産党および自らの支配の正統性を維持するための一大事だったのだろう。華国鋒は毛沢東の後継指名を受けた人物であり、制度改革を唱えはしたものの、従前の政策を速やかに、かつ大きく変更する意志も迫力も欠いていたといえる。

ただ、二つないし三つの「すべて」がまったく不合理であったわけでもない。七七年一月、周恩来死去一周年の前後に、北京などいくつかの大都市、中都市において大衆が自発的な追悼活動を行った。その際に、第一次天安門事件の名誉回復と鄧小平復活の要求や、大衆を弾圧した中央指導者たちへの強烈な批判のほか、文革に対する不満が表明された。

華国鋒らはこの事態を重視し、党中央は明確な態度表明をするべきだと考えて「二つのすべて」を打ち出したとも言われる。すなわち、「四人組」の残党との闘争が続く中で、毛沢東の遺訓に従い、万事「過去の方針に照らして」行うと明示することによって、権力移行期の大局の安定を確保するとともに、より直接的には天安門事件の名誉回復と鄧小平の復活をこの段階では阻止しようと考えたのだろう。

したたかな闘争

神格化された「偉大な領袖、毛主席」のイメージは深く人々の心に根付いていた。また、毛主席のイメージを保ち、その旗印の下に団結しなければならないとする主張は、毛沢東の死後まもなく、「四人組」逮捕という大事件を経たばかりの党内に広くアピールする力を有していた。したがって、「二つのすべて」が方針であるかぎり、毛沢東の承認を得た政策や処分を覆すことは容易でなかった。

鄧小平の復活は七七年春に決定されたが、それは例外的な措置であった。同年一二月、かつて科学技術の領域で鄧小平を支えた胡耀邦が中央組織部長に就任し、過去の冤罪事件の名誉回復に着手したものの、毛沢東が決定したことを理由に反対する有力幹部も多かった。

鄧小平は、七七年七月の第一〇期三中全会において、中央政治局常務委員、党副主席、党中央軍事委員会副主席、国務院副総理、人民解放軍総参謀長の地位に就いた。政治舞台への三度目の復活を遂げた鄧は、慎重かつしたたかに権力闘争を戦った。正式に復活する前、復活後の仕事の分担については「軍隊は管轄しなければならない」と主張し、総参謀長として軍事に携わるほか、「華国鋒主席、葉剣英副主席を助け、教育と科学を担当することを自分から申し出た。」（『鄧小平文選』）

この申し出には、教育と科学技術が近代化を成し遂げる鍵であるという思いもあっただろう。だがそれに加えて、これらは最も権力の小さい部門であり、華と葉ができるだけ脅威を感じない仕事を選ぶという配慮もあったと思われる。なおかつ、文革中に停止していた大学入試制度の復活など、教育制度の再建は多くの幹部のみならず、一般大衆にも大いに歓迎される領域であった。

真理基準論争

さらに、権力闘争の上でも重要だったことは、教育と科学技術の領域における毛沢東の指示を覆し、知識分子を高く評価することなどを通して、「二つのすべて」を実質的に否定していったことである。「二つのすべて」に対して、胡耀邦の指揮の下に「真理基準論争」が挑まれたことはよく知られている。公式メディアを巻き込んだ両陣営の宣伝合戦が激しく展開され、「実践は真理を検証する唯一の基準である」と題した論文を掲載した『人民日報』や『光明日報』が名指しで批判される中で、鄧小平自身の反論は軍をプラットフォームにして行われた。

七八年六月二日の全軍政治工作会議において、鄧は次のように訴えた。「実事求是が毛沢東思想の出発点であり基本点だ。（中略）われわれは必ず林彪、四人組の流した毒を粛清し、混乱を鎮めて正常に戻し、精神のくびきを打破して、われわれの思想を大解放しなければならない」。同会議では葉剣英も、政治工作には実事求是が必要であり、理論には実践の検証が必要だと強調した。また、中央軍事委員会秘書長の羅瑞卿は、直接的、積極的に論争に介入して胡耀邦を支持した。羅は全軍工作会議の準備会合において、実践が真理を検証する唯一の基準だと宣伝するよう主張したほか、中央党校の呉江《ごこう》と孫長江《そんちょうこう》の共著による「実践は真理を検証する唯一の基準である」の姉妹編とも呼べる論文の『解放軍報』への掲載を後押しした。

軍をめぐる綱引き

中央軍事委員会主席は華国鋒であったのに、なぜ鄧小平は人民解放軍を味方にすることができたのだろうか。軍内における華国鋒や汪東興の影響力の大きさは不明と言わざるをえないが、鄧小平との軍をめぐる綱引きがあったことは事実のようである。

七八年四月上旬、海軍南海艦隊のミサイル駆逐艦一〇六号が広東省湛江で爆沈した。事故発生後、鄧小平は海軍司令部を厳しく批判したが、海軍第一政治委員だった蘇振華はそれに不満を抱き、華国鋒のもとへ訴えに行って五時間話し込んだ。華国鋒は、「自分は近々〔五月五日～一〇日〕朝鮮を訪問するが、帰国したら大連で艦船を観閲し、海軍への支持を表明しよう」と述べた。蘇は海軍党委員会に戻り、「華主席がわれわれを支持してくれる、心配するな、〔われわれを〕打倒できない」と報告し、観閲のために一二〇隻の艦艇と八〇機の飛行機を配置しようとした。

しかし、これは途中で羅瑞卿の知るところとなり、羅は中央軍事委員会の日常活動を司る鄧小平に報告した。鄧はこの観閲をやめさせ、事後に華国鋒に面と向かって、「これは一回の力比べだ」と語ったという。鄧はその後、軍内で「二つのすべて」を批判させるべく、中央軍事委員会副主席の名義で「真理基準討論補習」を立ち上げた。七月末には、海軍党委員会常務委員会拡大会議の出席者を接見し、「「実践は真理を検証する唯一の基準」と「二つのすべて」の論争は、われわれの思想路線の問題をすでに比較的はっきりと解決した。〔中略〕〔しかし〕この論争はまだ終わっていない」と述べ、ねじを巻いている。

外交への波及　軍をめぐる綱引きは、外交にも波及した形跡がある。当時、鄧小平は日中平和友好条約の締結を強く推進していた。鄧の狙いは、同条約の締結によって米中国交正常化を促進し、対ソ統一戦線を構築すると同時に、経済の近代化と対外開放のために良好な国際環境を作り出すことにあった。

ところが七八年四月、日本との交渉の最中、中国漁船約二〇〇隻が尖閣諸島周辺に集結し、そのうち数十隻が領海侵犯を繰り返した。漁船は軽機関銃で武装しており、煙台《えんだい》と廈門《アモイ》の二カ所から無線で指示を受けつつ行動していた。中国側のこの不可解な動きについては、鄧小平の反対勢力による交渉妨害の試みだとする報道や見方が日本側にはあった。

漁船が現れたのは、まさに蘇振華が華国鋒を尋ねた日のことである。二カ月ほど後に上海で張り出された壁新聞によれば、漁業関係者たちを焚き付けるかのような演説を行ったのは、蘇振華が率いる中央工作組の一員として「四人組」逮捕後に上海に乗り込み、市政の一新にともに取り組んだ人物であった。

思想路線の転換

七八年一一月一〇日、中央工作会議の開幕式で演説した華国鋒は、会議の議題について①農業生産の向上、②七九年と八〇年の国民経済計画、③李先念が九月に行った経済全般に関する演説内容の討論、④翌年一月から活動の重点を社会主義近代化建設に移すことの是非とその具体化に関する検討、の四点だと発表した。ところが、開幕後すぐに、残された冤罪事件の名誉回復について多くの分科会で激しい意見が噴出した。

なかでも、そのことを強く要求したのは革命元老の一人で計画経済の権威でもある陳雲《ちんうん》であった。多くの出席者が陳雲の意見に賛同し、華国鋒も議題を広げることに同意せざるをえず、会期中の第三回の全体会議において一連の冤罪事件の名誉回復を宣言した。すると、もう一つの未解決の問題である「真理基準」に関する討論が熱を帯びはじめ、「二つのすべて」に固執する汪東興への名指しの批判も始まった。

実は、七月末から中央工作会議の開幕までの間に、すでに二〇の省級地方の党委員会の責任者が「実践は真理を検証する唯一の基準」だとする立場を支持する態度表明を行っていた。中央工作会議の出席者名簿には二九〇の名前があったが、中央省庁や中央委員会直属機関、中央軍事委員会直属機関からは一名ずつ、そして各地方や大軍区からは序列一位と二位の二名ずつが出席した。出席者の大部分は文革中に迫害を受けた「老同志」であり、「二つのすべて」の立場に立つ者もいたが、もはや優勢を占めてはいなかった。

陳雲（写真提供：新華社＝中国通信社）

会期は、予定された二〇日間から三六日間に延びた。最終日の閉幕式で最後に演説した華国鋒は、「二つのすべて」が不適当であったと認めたほか、政治局常務委員会の意見として「真理基準」を受け入れたという趣旨の話をした。これで、いわゆる思想路線、すなわち党が世界を認識し改造する基本観点であり実践の指針だとする思想原則の転換が確定した。

不徹底な政治路線の転換

しかし、それと同時に政治路線が転換したとするのは言いすぎである。共産党は一定の歴史的時期において、その政治目標を実現するために規定する基本政策を「政治路線」と呼んでいる。華国鋒は、中央工作会議の開幕式での講話において、翌七九年一月より全党の活動の重点を社会主義近代化建設に移すという政治局決定を披露し、後にこの中央工作会議は政治路線の画期とされた。新しい政治路線とは、「経済建設を中心とし、四つの基本原則と改革開放という二つの基本点を堅持する」ことだと、八七年の第一三回党全国代表大会(党大会)において定式化されたものである。ちなみに、四つの基本原則とは、七九年に鄧小平が提示した社会主義政治体制の原則で、①社会主義の道、②人民民主独裁、③共産党の領導、④マルクス・レーニン主義と毛沢東思想を指す。

しかし実は、中央工作会議やその直後に開かれた第一一期三中全会において、活動の重点を近代化建設に移すことが政治路線の転換だという意識は、出席者に共有されていなかった。華国鋒の講話も三中全会の公報も、活動の重点を何から近代化建設に移すのかというと、林彪と「四人組」の罪状を摘発して批判する全国的で大規模な大衆運動からだという言い方をしていた。重点の移行とは、単なる活動の新段階への移行と具体的な活動の内容や手順を語ったに過ぎないと一般的に受け取られ、胡耀邦ですらそのように解釈していた。

なおかつ、華国鋒の講話では、「新時期の総路線と総任務の導きの下で」活動重点を移行するとされたが、その総路線とは階級闘争を要とするという基本路線を含むものだった。つまり、華国鋒の狙いは「階級闘争を要とする」と「経済建設を重点とする」の調和であった。後に、第一一期三中全会において「階級闘争を要とするというスローガンの使用を果断に停止した」(八一年の、いわゆる歴史決議)とされたのは、事実と異なる。

他方、第一一期三中全会コミュニケでは、経済管理制度と経営管理方法に対する真剣な改革に着手し、自力更生の基礎の上で世界各国と平等互恵的な経済協力を積極的に発展させることが謳われたが、それだけなら九月の李先念の講話でも詳しく語られていた。要するに、七八年末の時点では政治路線の転換は不徹底であり、また改革開放という方針が定式化され、明示されたわけでもなかったのである。

農村改革への抵抗

そのことは、例えば農業と農村に関する改革への当時の抵抗の大きさとも関連していた。前述したとおり、中央工作会議における議題の一つは農業生産の向上であった。第一一期三中全会では、七九年から食糧統一買い付け価格を二〇％引き上げ、

中国共産党第11期中央委員会第3回全体会議(三中全会). 1978年12月. 左から, 陳雲, 鄧小平, 華国鋒, 葉剣英, 李先念, 汪東興(写真提供:新華社=中国通信社)

超過買い付けの部分についてはさらに価格を五〇%上げることや、農業機械や化学肥料、農薬や農業用ビニールなど、農業用工業品価格を七九年と八〇年で一〇~一五%引き下げることなどが決定された。しかし、人民公社の制度的枠組みに変化はなかった。

第一一期三中全会を原則通過した「農業発展を加速する若干の問題に関する中共中央の決定(草案)」と「農村人民公社工作条例(試行草案)」は、農家生産請負制と田畑を分けた個人経営を許さないと明言していた。そして、七九年九月の第一一期四中全会における「農業発展を加速する若干の問題に関する中共中央の決定」は、田畑を分けた個人経営を許さず、辺鄙な山地などを除いては農家生産請負制をしてはならないとした。イデオロギー上の立場から、華国鋒のみならず李先念も農家生産請負制には反対であったし、少なくとも公開資料を見る限り、この段階で鄧小平は自らの立場を表明していなかった。

険しい改革開放への道のり

第一一期三中全会は、鄧小平が主導した改革開放路線の「完勝」で終わったと通常はみなされる。確かに人事の上では、陳雲を党副主席に、周恩来夫人の鄧穎超《とうえいちょう》、胡耀邦、そして鄧小平と近しい関係にある王震《おうしん》を政治局委員に、さらには胡喬木を含む鄧小平シンパの九名を中央委員に追加選出している。

指導層の安定団結を重視し、誰も辞職させないという決定があったため、汪東興は副主席の肩書きを維持したが、その実権は失われた。その他にも、華国鋒や汪東興に近しいとみなされた陳錫聯《ちんしゃくれん》（北京軍区司令員）や紀登奎《きとうけい》（常務副総理）の辞任を求める提案が分科会から出された。また、批判を受けて華国鋒が「二つのすべて」の過ちを認め、さらに中央工作会議から第一一期三中全会にかけて、鄧小平が政治局常務委員会および会議全体を主導する役割を果たしたことにより、指導層における鄧小平の地位の向上が広く認知されることになった。

ところが、会期が大幅に延長されたにもかかわらず、中央工作会議では改革開放について十分に議論する余裕がなかった。党の活動の重点は経済建設に移行したが、政治路線の転換についての認知は徹底せず、華国鋒も党主席をはじめとするすべてのポストを維持した。毛沢東が死去してからわずか二年あまりしか経っておらず、人々の思想解放の度合いには限界があった。

改革開放の道のりは実際のところ平坦ではなかったが、その兆候はすでに七八年末の政治過程に現れていたといえる。経済政策については、華国鋒と鄧小平の間に大きな違いがあったわけではないが、もし「二つのすべて」の思想路線が続いていれば、改革開放の進展はさらに遅れていたのは間違いない。そして、七八年末の第一一期三中全会では、経済建設に活動の重点を置くことが決定されたものの、通説で言われているように、そこで改革開放路線が確立されたというわけではなかったのである。

3 調整と改革のサイクルの始動

二つの問題　思想路線をめぐる華国鋒との闘争に勝利した鄧小平は、改革と開放を推し進めようとした。当時の中国経済は、他の社会主義経済と同じ制度的な問題を二つ抱えていた。第一は、企業や労働者の意欲を掻き立てるインセンティブの不足である。とくに中国では、五七年の反右派闘争以来、労働に応じた分配の原則が否定される傾向にあり、働いても働かなくても収入は同じだといわれていた。第二は、計画による資源の配分が非効率的であったことである。計画経済は重点地域や重点産業の育成には威力を発揮したが、需要と供給の変化への対応が行き届かないため、必要な物が不足し、不必要な物が余る弊害があった。かつてソ連では、コンピュータの発達により、中央からの指令で効率的な資源配分が継続的に行われるようになると言われていたが、経済があまりにも複雑になったため、市場の見えざる手に勝る効率性はついぞ実現できなかった。

労働力の過剰

そしてさらに、中国に特殊な問題があった。すなわち、労働力の過剰である。人口政策に失敗し、労働力を都市に収容しきれなくなったこともあり、文革中は農民から学ぶという名目で都市の青年たちを農村に送っていた（上山下郷《じょうざんかきょう》）。その青年たちが、文革終了後、都市への帰還とそこでの就職を求めはじめたのである。

そこで導入された改革政策は、第一に分権化であった。活性化のために地方や企業に前よりも大きな経済上の権限を与え、労働に応じた分配の原則とそれに基づく労働者へのボーナス制や出来高払い制を復活させた。第二に、一部における市場の導入、つまり生産と流通についての規制緩和と価格の自由化を実施した。そして第三に、「個体戸《こたいこ》」と呼ばれた自営業の容認と、それによる雇用の創出が行われた。やがて規模の大きな個体戸が現れるようになると、私営企業も認められるようになった。農村では、大躍進の時に芽生えた農村工業の基礎の上に、村営や個人経営などによる「郷鎮企業」が発展した。これらの新しい経済主体は、いずれも計画の対象とされず、市場で自活することが求められた。つまり、人口圧力によって計画の枠からはみ出した経済主体が増加し、市場経済が自然と拡大する構造が生まれたのである。

中国共産党は、改革は農村から始まったと説明しているが、その言い方は誤解を生みやすい。前述のように、確かに農産品価格は七九年より引き上げられた。しかし、農業や農村の制度改革はそれよりも遅れた。七八年の安徽《あんき》省鳳陽《ほうよう》県小崗村《しょうこうそん》での自発的な取組みが農家生産請負制の始まりであるとされているが、実際にそれが社会主義体制と矛盾しないものとして政府から公認され、全国的に拡大したのは八二年以降のことであった。また、人民公社が解体されるのは八三年以降のことである。それに対して、企業を活性化させるための新しい利潤留保制度や職員労働者のボーナス制度などは、遅くとも七九年から都市で導入されていた。

改革の三つの考え方

当時、広い意味での改革として、三つの考え方が存在していた。五〇年代の第一次五カ年計画期のような、中央集権的計画経済を今こそ行うべきという考え方と、地方に権限を下放すべきだという考え方、そして企業にこそ大きな権限を下放すべきだという考え方である。結局、企業を活性化しなければ国民経済の将来もないとして、企業への分権化の推進が採用されたが、後述するように、それは決してスムーズに進んだわけではなかった。

中央集権的な計画経済の実施を主張していた中心人物が、保守派の重鎮であった陳雲党副主席兼国務院副総理であった。陳雲といえば、厳格な中央集権的経済論者のイメージがつきまとうが、実際にはプラグマティックな一面もあった。例えば、陳雲はある程度の市場の導入を認めていたし、農家生産請負制にも賛成していた。七九年、万里安徽省党委第一書記が、陳雲に「安徽省では一部の農民が請負制を始めているのですが、どう思われますか」と尋ねたところ、「私はもろ手をあげて賛成する」と答えた。その後、鄧小平の同意も取り付けた万里は、安徽省で積極的に請負制を導入することになった。

とはいえ、陳雲は基本的には、「市場という鳥は計画という鳥籠に入れておかねばならない」という鳥籠論を唱える計画経済重視論者であり、「計画経済を主とし、市場調節を従とする」ことを旨とした。また、外国資本の導入にも懐疑的であった。さらには、バランスのとれた発展が重要だとして均衡発展論を主張し、外貨と貿易、投資と消費、重工業と軽工業などのバランスをとらなければならないとした。

趙紫陽(写真提供：fijifotos／アフロ)

科学技術の導入

それに対し、鄧小平から抜擢され改革を推進したのが趙紫陽《ちょうしよう》であった。六六年に四六歳の若さで広東省党委第一書記に就任した趙紫陽は、文革初期に失脚するも七一年には

経済特区の輸出入額(単位：億ドル)．中国統計年鑑より作成．

年	1980	1982	1985	1990	1992	1995	1998
深圳	0.18	0.25	13.06	157.01	235.76	387.69	452.74
珠海	0.19	0.37	1.45	6.48	15.26	38.03	59.17
仙頭	2.51	2.55	2.57	8.39	11.35	26.01	66.10
厦門	1.42	1.47	4.44	11.53	28.42	60.33	76.14
全国	381.4	416.1	696.0	1154.4	1655.3	2808.6	3239.5
特区の対全国比(%)	1.18	1.23	3.21	16.69	18.59	19.04	20.78

復権し、文革終了後は四川省で企業改革や農家生産請負制などの導入を進めていった。七八年に華国鋒に随行してルーマニアとユーゴスラビアを訪問した際、改革が進んでいるところほど経済が発展している様子を目の当たりにして、四川省で大胆な改革を推進する覚悟を固めたという。

鄧小平は、国民経済の急速な発展を求め、分権化を重視した点では毛沢東と同じであった。ただし、毛との違いは、企業の活性化を重視したこと、労働者を奮い立たせるための精神主義の限界をわきまえ物質的な刺激を活用したこと、そして青年期にフランスの近代工場で働いた経験があったことなどから、科学技術の重要性を強調したことだった。

鄧小平は、遅れた中国の科学技術を発展させなければならないと考えていた。しかし、それは一朝一夕に成しうることではなく、まずは海外から買ってくるのが手っ取り早いと考えた。中国では六〇年代の中ソ関係悪化以降、外国の技術へ依存することの危険が強調されてきたが、鄧小平はその方針を転換した。ただし、外国から技術を買うためには外貨が必要となる。そこで、まずは科学技術の導入のために経済の対外開放を始めた。七九年より、日本をはじめとして外国の政府開発援助を受け入れ、貿易を促進し、南方の広東省や福建省に大きな経済自主権を与えるとともに、そこに経済特区を設けて外資を呼び込んだ。

その際、鄧小平が頼りにしたのは在外華僑の経済力である。しかし、文革中、華僑は革命の輸出の尖兵として活用された過去もあった。七〇年代半ば、マレーシア、タイおよびフィリピンと国交を正常化した際、中国は華僑、華人の二重国籍を否定し、中国籍を保留した華僑に対しても現地の法律の順守と風習の尊重を要望する旨を表明した。「中国が共産主義を輸出しようとしている」という各国の懸念を払拭し、安定した関係を築くためであった。鄧小平は、経済発展のためには平和な国際環境の構築と維持が必要だと考えており、七八年の日中平和友好条約締結、七九年の米中国交正常化へと中国を導く協調的な外交路線を推進した。

政治改革の停滞

毛沢東の死後、鄧小平が唱えた改革は経済領域にとどまらず、政治をも対象としていた。その動機をあげれば、第一は文化大革命の教訓であった。毛沢東の個人崇拝とその権力の乱用、そして学生や市民の間の暴力行為および紅衛兵による社会秩序の破壊は、民主化と制度化の欠如した統治に対する深刻な反省を党内の一部に引き起こした。

鄧小平は、党政分離、すなわち党と国家の機構と権限の分離を強く訴えた。また、「鶴の一声」を否定し、各級党委員会の意思決定の民主化を主張した。

党外では、北京動物園の電気工だった魏京生《ぎきょうせい》らが、「第五の近代化」、すなわち政治の近代化を主張し、北京市に出現した「民主の壁」に貼り出した壁新聞や自主出版雑誌を通して一党独裁を痛烈に批判した。しかし、文革の教訓は、他方で政治改革を一定の枠内に制限する作用をも果たした。下からの政治参加によって党の権力を相対化するべきだという声は、文革の混乱の再現を阻止しなければならないという訴えに弱められることになった。

鄧小平が政治改革を唱えた第二の動機は、華国鋒との権力闘争であった。七八年一一月、佐々木良作民社党委員長と会談した鄧小平は、「壁新聞を書く権利はわが国の憲法が許すところであり、われわれには大衆が民主を発揚し、壁新聞を貼り出すことを否定したり批判したりする権利はない。大衆が怒っているなら、うっぷんを晴らさせてやらねばならない」と述べた。魏京生も、鄧小平の参謀役が「民主の壁」の活動家会議に参加していたと証言している。

しかし鄧は、同年一二月の三中全会で華国鋒との権力闘争が一つの山を越すと、翌春からは政治上の四つの基本原則を提示し、「民主の壁」を弾圧して魏京生を逮捕させた。そして、華国鋒から実権を奪っていくにつれ、政治改革には言及しなくなっていった。華国鋒は、八〇年九月には正式に総理の座を趙紫陽に譲ったが、同年一一月から一二月にかけて九回にわたって開かれた中央政治局拡大会議で強い批判を受けたことにより、党主席と中央軍事委員会主席をも辞任することを申し出た。それらの職務は胡耀邦と鄧小平によって実質的に引き継がれ、正式な交代は八一年六月の第一一期六中全会で行われた。八二年九月の第一二回党大会では主席制が廃止されて総書記が党の最高職位となったが、その狙いはトップの権限を弱め、集団指導体制の制度化を進めることであった。鄧小平が再び政治改革について語るようになるのは、その後、八〇年代後半のことである。

第2章　改革開放をめぐる攻防

一九八二―一九九二

最前列，左から，趙紫陽，鄧小平，胡耀邦（写真提供：新華社＝中国通信社）

1　自主独立外交の模索

ニクソン政権は米中接近を図るかたわらソ連とのデタントを推進したが、一九七〇年代半ばに入ると関係改善の努力は暗礁に乗り上げた。ソ連のアンゴラ内戦介入、ベトナムによるカンボジア侵攻の際の支援、そして七九年のアフガニスタン侵攻により、デタントは完全に崩壊した。しかし、ソ連に対する強い警戒感からアメリカに接近した中国にとっては、米ソ関係の緊張の再現はむしろ好都合という側面もあった。

「反覇権」条項

七二年の日中共同声明において、日中は平和友好条約の締結を目指すことで合意し、そのための交渉が七四年から始まったが、中国側が対ソ「反覇権」条項を条約の中に入れるよう強く主張したことに日本側は難色を示した。当時、日本政府は日ソ平和条約の締結を目指しており、ソ連を敵視する「反覇権」条項を入れることによって、日ソ関係を悪化させたくなかったためである。日本側は対ソ警戒色を薄めるために「反覇権」条項は第三国に向けられたものではないという文言を加えるよう主張したが、中国側は頑として受け入れなかった。

しかし、七六年に毛沢東が死去し「四人組」が逮捕された後、中国は日本との経済関係を重

日中平和友好条約の調印．1978 年 8 月 12 日，北京(写真提供：朝日新聞社)

視する姿勢を強め、「反覇権」条項に対する態度を軟化させた。七八年三月、廖承志《りょうしょうし》中日友好協会会長が、日中平和友好条約は第三国に対するものではないという、それまでの日本側の主張を取り込んだ提案を示すと、福田赳夫首相はそれを条約締結の好機ととらえ、国内外での働きかけを進めた。

同年七月に北京で条約交渉が再開され、八月一二日、日中両国外相によって日中平和友好条約が調印された。最終的に、条約第二条で「反覇権」を、条約第四条で条約は「第三国」との関係に影響を及ぼすものではない旨を謳い、日中双方の主張と妥協を組み込んだ内容となった。

「鄧小平外交」の始動

鄧小平は、日中平和友好条約の締結を強く推進した。その狙いは、第1章でも述べたように、同条約の締結によって米中国交正常化を促進し、対ソ統一戦線を構築すると同時に、経済の近代化と対外開放のために良好な国際環境を作り出すことであった。

七八年一〇月、鄧小平は日中平和友好条約の批准書交換のために訪日した。八日間にわたり日本に滞在した鄧は、天皇をはじめとする要人と会見したほか、日産や新日鐵、松下電器などの先進的な工場を見学し、新幹線に乗って京都や奈良、大阪を訪問した。その際、「ここの文化は中国から学んだものです」と話しかけられた鄧小平は、「今は立場が逆になりました」「今はあなた方から学ばなければなりません」と答えている。文化大革命を終えた中国にとって、一番身近な先進工業国は日本であり、日本は一つの発展モデルとして学習の対象とされた。アメリカとの国交正常化が、もっぱら安全保障の観点から考慮されていたのに対し、日本との関係は、ソ連の脅威への対抗という安全保障面もさることながら、経済的利益という側面からも必要とされたのであった。

日本の家電工場を視察する鄧小平夫妻(写真提供：朝日新聞社)

七九年一月一日、米中は国交を正常化した。同月末から翌月初めにかけて鄧小平は訪米したが、これは中華人民共和国建国以降、中国指導者としては初めてのことであった。前年の訪日の際は、日中の経済協力が主要なテーマの一つであったが、訪米時に議論されたのはもっぱら安全保障にかかわる問題であり、特に焦点となったのは台湾問題とベトナムに対する中国の軍事行動計画であった。

まず鄧は、米中が正式に同盟を結ぶべきだとは思わないが、ソ連に対して共同歩調を取っていく必要があると述べた。そして、アメリカが中国と外交関係を樹立した後は、米軍を台湾から即時撤退させ、軍事支援も停止すべきだと要求した。アメリカは米軍の即時撤退には応じたが、七九年四月にはアメリカ議会が台湾関係法を採択した。そこでは、アメリカが台湾との経済面および文化面での交流を維持し、台湾の安全保障のため武器供与などを続けていくことが定められた。現在に至るまで、台湾関係法に基づく台湾への武器供与は続けられており、それは米中関係における最大の摩擦要因となっている。

中越戦争の内政的意義

鄧はまた、カーター大統領らとの会談で、ベトナムに対する軍事制裁を行うつもりだと告げ、アメリカの反応を探った。七〇年代半ばから、北ベトナムの外交やベトナムにおける華僑の扱い、ベトナムと対立していたカンボジアのポル・ポト政権に対する中国の支援、中越間の領土問題(西沙諸島など)をめぐり、中越関係は悪化していた。鄧は「ベトナムに適切かつ限定的な教訓を与えることが必要だと考えている」と述べ、カーターはそれに対し、軍事行動は中国にとって望ましくない国際世論を引き起こすとして反対の姿勢を示した。

結局、アメリカの意見を聞き入れることなく、中国は七九年二月、ベトナムに軍事侵攻し、中越戦争が勃発した。アメリカが指摘した通り、国際社会における中国のイメージ低下やソ連の介入リスクを考慮すれば、中国のこの決定は外交的には合理的と言いかねる選択であり、内政面においても、経済再建と財政の立て直しという方針に反する政策で、例えば陳雲などは中越戦争に反対の立場を表明していた。それにもかかわらず、軍事行動の決定が下されたのは、鄧小平が自身を支持する軍幹部との関係を重視したからであり、軍幹部の協力を得ることは、国内の抵抗勢力を抑えながら鄧小平体制を確立していく上で必要不可欠であった。後に軍事科学院や総後勤部の政治委員を務めた劉源《りゅうげん》(劉少奇元国家主席の息子)は、この戦争によって発展のための戦略的なチャンスの時期がもたらされたと評価している。二月一七日の開戦から三月五日の中国軍の撤退まで、わずか三週間ほどの戦闘期間にもかかわらず、双方とも多大な損害を出して戦争は終結した。

プラント契約保留問題

華国鋒と鄧小平は、近代化を推し進めるために、西側先進工業国から経済支援や技術を受け入れる方針を示したが、その中でもとくに日本との関係が重視され、七八年と七九年に総額七九・九億ドルに達するプラント契約が日中間で結ばれた。ところが七九年二月、中国は突如として、上海宝山製鉄所関係のプラントなど七八年一二月以降に結ばれた契約の保留を申し入れてきた。

七八年一二月の第一一期三中全会以降、中国の経済政策を主導していたのは、均衡発展論者の陳雲であった。七九年三月、重要な経済政策決定機関として新設された国務院財経委員会の主任に就任した陳は、経済運営の方針として「調整、改革、整頓、向上」の八文字を掲げ、バランスのとれた発展を進めるという観点から、過剰な投資や輸入を戒めようとした。

八一年初めに、中国が七九・九億ドルのうち三〇億ドル分に相当するプラント建設の停止をさらに通告してくると、日本側からは強い不満と批判が起こった。結局、中国の安定発展を支援するという対中経済協力の目的に照らし、政府開発援助（ODA）の一部を商品借款に振り替えてプラント建設に回すほか、日本輸出入銀行のソフトローン（緩い貸付条件の融資）と民間のローンを加えて三〇〇〇億円を日本側が供与することで、この問題は決着した。

プラント契約破棄問題を乗り越えた日中関係は、順風満帆に見えた。当時の中国にとって、平和な国際環境の下で経済発展を進めることが最大課題であり、日本はそのための重要なパートナーとして認識されていた。日米間の激しい経済摩擦、台湾への武器輸出をめぐる米中間の悶着、ソ連による中ソ関係改善の呼びかけなどが起こっている国際情勢下で、日本との関係を安定発展させることが国益に適うと中国側は考えた。八二年五〜六月に来日した趙紫陽は、日中関係のあり方について、「平和友好、平等互恵、長期安定」の三原則を提起し、日中友好ムードを盛り上げた。

対日歴史教科書問題

八〇年代の日中関係は概ね良好であったが、この時期、九〇年代以降に拡大する諸問題の萌芽がみられた。その一つが、八二年に発生した最初の教科書問題である。そのきっかけは、日本の高校の歴史教科書の検定において、ある会社の教科書の記述にあった「華北へ侵略」という表現を、文部省が「華北に進出」に書き換えさせたとする日本での報道であった。その報道は誤りであったが、問題が大きくなっていく過程で、それまで長年にわたって文部省が「侵略」に改善意見を付けていたことや、実際に「東南アジアへ侵略」を「東南アジアへ進出」に書き換えた教科書もあったことが明らかになった。

日本での報道がなされた直後の中国側の反応は限られたものであり、新華社が論評抜きで報じ、数日後に『人民日報』が批判記事を一本掲載しただけであった。ところが翌月(八二年七月)下旬以降、中国メディアは大々的な対日批判を展開し、中国外交部は日本大使館の公使を呼んで正式に抗議した。中国の報道はさらに過熱し、日本の軍国主義復活の表れだとする論調が広まった。

対日批判キャンペーンを主導したのは、当時もっとも有力なイデオローグだった胡喬木であった。だが、鄧小平もこの事件について見過ごすことはせず、外交部門と宣伝部門の指導者を集めた会議において、対中侵略の歴史解釈については妥協せず、内政干渉だとする日本側の主張に焦点を合わせて反駁を進めるよう指示した。この指示により、中国側の姿勢はきわめて厳しいものとなった。

恐らく、教科書問題に対する中国側の態度を変えさせた一因は、自民党の代表団が台湾を訪れて当局との公式接触を行い、その際に「両国」という言葉を使用したと報じられたことだったと見られる。中国側は当時、雁行形態型と呼ばれたアジアの発展を牽引し、台頭する最中にある日本が、やがては政治大国化していくとみなしていた。そこで、日本の歴史認識や台湾政策の変更の可能性を強く恐れたのであろう。「侵略史の改ざん、軍国主義の美化」(『人民日報』)が実際にあろうとなかろうと、その芽となりうる言動を徹底的にたたくことにしたのである。

日本側の譲歩

日本では、教科書に関する中国側からの抗議を内政干渉だと反発する人々も少なくなかった。また、中国側の軍国主義復活などの批判は、あまりに的外れで反発より当惑の方がまさった。それでも、八二年八月下旬、日本政府は「「歴史教科書」についての宮澤喜一内閣官房長官談話」を発表し、「我が国としては、アジアの近隣諸国との友好、親善を進める上でこれらの批判に十分に耳を傾け、政府の責任において是正する」こと、そしてそのために教科用図書検定審議会の議を経て検定基準を改めることを明言した。一一月に出された同審議会の答申に基づき、政府は教科書用検定基準として「近隣のアジア諸国との間の近現代の歴史的事象の扱いに国際理解と国際協調の見地から必要な配慮がされていること」という、いわゆる「近隣諸国条項」を追加した。

日本側が譲歩した理由の一つは、日中の友好協力関係が政治的にも経済的にも重要であるという、基本的な判断にあったものと思われる。さらに、戦争の贖罪意識や日中の発展段階の違いもあり、友好協力の推進が日本の対中政策の大枠を形成していた。中国側は、九月の第一二回党大会開催中に、日本の見解を受け入れる姿勢を示し、教科書問題はいったん収束することとなった。

独立自主外交への転換

八〇年代初め、中国は対ソ警戒感を緩めず、戦略的観点から対日関係を考慮する傾向が依然として強かった。八〇年四月、訪中した中曽根康弘議員に対し、副総参謀長の伍修権《ごしゅうけん》が、防衛費をＧＮＰの二％まで引き上げても日本経済に大きな影響はないのではないかと語ったほどであった。しかし、八二年九月の第一二回党大会の政治報告で、胡耀邦総書記は「独立自主外交」への転換を明示し、やがて「全方位外交」をも唱えて、対ソ関係の改善を模索するようになる。

独立自主外交の一つの眼目は、アメリカとの距離感の調整にあった。中国にとって対米関係における当時の最大の問題は、アメリカによる台湾への武器輸出であった。八一年に登場したレーガン大統領は親台派として知られ、同年末に戦闘機部品および空軍サービスの台湾向け輸出を決定したが、それは中国側の猛反発を招いた。厳しい交渉の末、八二年八月には米中共同コミュニケ（第二次上海コミュニケ）が発表され、問題はひとまず収束した。だが、中国側の不信感は強く、第一二回党大会政治報告では、対米関係に関する段落のほとんどが台湾問題をめぐるアメリカへの不満の表明に費やされた。また同報告は、超大国の覇権主義を痛烈に批判し、中国が「いかなる大国あるいはいかなる国家ブロックにも決して依存しない」ことを強調した。超大国からの独立自主の表明には、第三世界の仲間としての連帯を途上国にアピールする狙いも込められていた。

対日関係の重要性

超大国（米ソ）の覇権主義への批判は行われたが、従来の「反覇権統一戦線」路線は見られなくなった。経済建設を国防建設に優先させた鄧小平にすれば、対ソ関係の改善と国境の緊張緩和は重要課題であった。おりしも、米中が台湾をめぐってもめている最中の八二年三月、ブレジネフ・ソ連共産党書記長はタシケントで演説し、台湾に対する中国の主権を認め、中ソ関係の改善について討議したいと呼びかけた。その背景には、厳しい対ソ姿勢を示すレーガン政権の登場により、米ソ関係が悪化していたという事情があった。

中国側は、党大会での政治報告において、ソ連が中ソ国境と中蒙国境に大軍を配置していること、ベトナムのカンボジア侵攻を支持していること、そしてアフガニスタンを侵攻したことをあげ、「わが国の安全への脅威を取り除く実際的措置を取るなら、中ソ両国の関係は正常化に向かう可能性がある」ことを表明した。

政治報告において、対米関係と対ソ関係より前に取り上げられたのは対日関係であった。日本の一部の勢力が軍国主義復活をたくらむ危険への言及もあったが、主旨としては、「平和友好、平等互恵、長期安定」の三原則による関係発展の利益を訴える内容であった。つまり、米ソ両超大国との関係の調整が始まり、複雑化する情勢の下、中国が主要課題として掲げる近代化を推進する上で、第一の協力相手は日本をおいて他になかったのである。

経済建設と国防建設

八五年五月から六月にかけて開催された中央軍事委員会拡大会議において、鄧小平は「かなり長期にわたって大規模な世界戦争は起こらない可能性」が大きいという国際情勢認識(「世界戦争可避論」)を示した。第三次世界大戦がないという前提の下、国防費の抑制と一〇〇万人の兵力削減、そして総力戦ではなく「局部戦争」(限定戦争)を想定した国防戦略への転換を指示した。

限定戦争においては、通常戦力の質が勝敗を決する重要な要因となる。軍の近代化を推し進めるためには、軍隊の「現代化と正規化」(装備の近代化と組織の専門職業集団化)を推進しなければならず、経済力と技術力の向上が必須となり、そのためにも国防建設より経済建設がまずは重要という方針が示された。

八〇年、国防費の大幅削減に伴い、人民解放軍では営利性生産経営活動が始まった。同年四月、中央軍事委員会は農副産物の生産および販売を認め、軍隊経営企業の民需生産によって予算外収入を拡大することにより、不足する資金を補塡するよう指示した。八四年一一月、鄧小平が軍の持つ資源の民生利用を奨励すると、軍の営利性生産経営活動が本格化し、八九年の軍の経営活動の利潤総額は八四年の七倍に達するまで増大した。

人民解放軍の生産経営活動の範囲は、農副産物の商品化、部隊の施設を利用したサービス業、部隊経営の中小工場、軍需関連品・兵器装備の修理を担当する企業の運営など広範にわたり、軍関連の企業数は一～二万(五万という説もある)、雇用する人数は二〇〇万人に上った。

八〇年代半ば、軍事安全保障に関する広範囲の見直し作業が進む中、軍隊の改革だけではなく、国防科学技術や国防産業をも含む近代化が中国の国家戦略全体の問題として提起された。将来の軍隊は科学技術集約型となり軍事支出が膨大になるため、そのためにも経済的要素がますます重要であるとされた。

米軍との協力

親台派のレーガン大統領は、対台武器供与をめぐる中国からの激しい抗議にもかかわらず、その方針を変えようとはしなかった。八一年にヘイグ国務長官が訪中した際、中国側は、①アメリカの台湾へのFX戦闘機売却の中止、②台湾への武器輸出は「質的にも量的にも」過去の水準を超えないようにすること、③台湾への武器売却を停止する最終期限を設けること等を要求した。中国との関係に配慮したアメリカは、武器売却停止の最終期限を設けることは拒否したが、残りの二点については譲歩した。

さらに、八三年にワインバーガー国防長官が訪中した際に、①上級レベルの対話、②軍事交流、③軍事技術交流の三つの分野で交流を進めていくことで合意した。その後、八九年に天安門事件が発生するまで、中国に対するミサイルや防空システムの供与、航空機の近代化などの分野における軍事技術協力が進んだ。

八五年、ゴルバチョフがソ連共産党書記長に就任し、ブレジネフ・ドクトリンの見直しを行うと、中ソ関係の改善が進んだ。中米、中ソ関係の改善を受け、八八年に鄧小平は「国際政治分野は対抗から対話、緊張から緩和へと変わってきており」「現在は国際政治新秩序を樹立すべき時期」だと発言している。八九年五月には、ゴルバチョフが訪中し、中ソは平和五原則を盛り込んだ「北京コミュニケ」を発表した。中ソ関係の改善は、鄧小平も望んだものであったが、ペレストロイカやグラスノスチを推進するゴルバチョフが、民主化を要求する学生たちの間で人気を博していたことは、共産党指導部、とくに左派からは警戒感をもって受け止められていた。

ゴルバチョフ訪中．1989年5月16日（写真提供：ロイター／アフロ）

2　改革と開放の進展と停滞

開放の進展

計画経済制度の改革と国民経済の対外開放は、まもなく大きな経済効果をもたらした。七九年末、鄧小平は大平正芳首相との会談において、二〇世紀末までにGNPを八〇年の四倍にして、国民生活を「小康」（安定し、やや余裕がある）状態に引き上げることを目標にすると表明した。

中央との連携の下、開放政策の趣旨を実現するために最も早く行動を起こした地方の一つが広東省であった。香港およびマカオに近接する広東省は、多くの華僑の出身地でもあり、貿易と外貨導入に全国で最も適しているという認識の下、その優位性を発揮するための方策を検討していた。七九年四月の中央工作会議で習仲勲《しゅうちゅうくん》第一書記（のち、副総理。習近平《しゅうきんぺい》国家主席の実父）は、改革と開放に関する自主権を広東に与えるよう党中央の指導者に要求した。党中央および国務院は七月、広東、福建両省に特殊政策を実行して対外経済活動上のイニシアティブをとる権限を授け、さらに経済管理上の大幅な自主権を与えることにも原則的に同意した。

歴史上、繰り返し現れた北方の中央政府と南方との緊張関係に鑑みれば、広東に自主権を与えたことは大きな決断であった。太平天国の乱や孫文の革命活動の例は言うに及ばず、中華人民共和国の成立後も中央の広東に対する警戒心は解けなかった。五〇年代には、毛沢東は広東の人事登用ぶりが地方主義だと批判し、七九年一〇月になって、やっと処分を受けた幹部の名誉回復がなされたほどである。

それにもかかわらず、広東への特殊政策や経済上の大幅な自主権が認められたのは、広東の経済的有利性に対する中央の期待が大きかったことを意味している。さらに、広東と福建が経済発展の上で「一歩先に行く」ことを認めた際、中央の指導者たちの念頭にあったのは、香港、マカオのみならず、台湾との統一問題をも睨んだ戦略であった。台湾は、輸出特区に類似する輸出加工区をアジアで最初に開設し、当時、めざましい経済発展を遂げつつあった。鄧小平は、八〇年代の三つの主要課題の一つとして台湾との統一を挙げており、そのためには「経済発展上も台湾より一定程度の優位を持たねばならず、この一点を欠いてはならない」と述べていたのである。

保守勢力の警戒

そうして、外資導入と経済特区建設の制度的な準備は着々と進んでいったが、他方、対外開放を進める方針に対する不信感も根強く存在していた。中国国内には左派の思想の影響が残っており、そのような立場からは、特区の開設や商品経済の導入は資本主義ではないかとみなされたのである。とくに、革命が民族解放と分かちがたく結びついていた社会主義中国において、かつての租界を連想させる特区や外資導入はとりわけ敏感な反応を引き起こす問題であった。

なかでも、それらに対し強く警鐘を鳴らしたのは、陳雲党副主席(当時)であった。八一年一二月、陳雲は、地方党委第一書記たちとの座談会で次のように語った。「むろん、来料加工(提供された原材料の加工)や合弁経営は現在多くの地方でも行っているが、さらに特区を増やしてはならない。来料加工を行っても、われわれ自身の製品を押しのけることはいけない。広東、福建両省の特区及び各省の対外業務は、経験を総括しなければならない。……江蘇のような省では特区をやってはならない。特区の有利な側面を見出すことは重要だが、特区がもたらした副作用についても十分な評価を行わなければならない。たとえば、人民元と外貨の同時流通は、人民元に不利であり、人民元に打撃を与えよう。……江蘇浙江一帯は歴史上投機活動で有名な地区であり、悪質分子の活動もよく心得たものである。」

この発言から思い起こされるのは、陳雲が中華人民共和国成立前後の経済の混乱を収束させた第一の功労者だったという事実である。多くの幹部にとって、半植民地状態を脱して国民経済を築き上げた苦心惨憺の記憶はまだ生々しいものであった。その意味で、外資導入による悪夢の再来に対する警戒心の強さは、左派的思想の持ち主に限られたことではなかった。

精神汚染反対運動

八三年九月、党中央と国務院は、「外資利用工作の強化に関する指示」を発し、外資の利用と先進技術導入の推進という方針を改めて示した。また同月、「中外合資経営企業法実施条例」も発布され、「中国が至急に必要としているもの、または中国が輸入する必要があるもの」の国内販売が合弁企業に認められ、国内企業は競争に晒されることになった。

翌一〇月に開催された第一二期二中全会で精神汚染反対運動が中央の認知を得て進められる

ことになったのは、開放政策の進展に対する反発が表出した結果であった。

精神汚染の表れとされた事象は、三つに大別できる。一つめが拝金主義や汚職の蔓延、二つめが社会主義批判や自由主義思想（いわゆる「ブルジョワ自由化」傾向）であり、三つめは西洋崇拝主義の出現であった。同会議で、鄧小平の提案に基づき、思想戦線工作の強化に関する会議を冬と春に開くことが決定されると、改革と開放に慎重な幹部たちは、積極論者に対する批判を公然と行い始めた。しばらく後に、胡耀邦らの働きによって、精神汚染一掃は大掛かりなキャンペーンから社会主義精神文明建設の一つの日常的な活動へと枠をはめられた。しかしその後も、問題の根源は企業への自主権付与と市場の導入にあるとする主張が公刊されるなど、影響は長引いた。

左派による攻撃

精神汚染反対は改革開放政策全体への批判にまで発展したが、最も攻撃に晒されやすかったのが対外開放政策だったことは間違いない。中央指導者のお墨付きを得て、汚染の多くが西洋資本主義文化の流入のせいだとされたからである。二中全会で陳雲は、国内建設加速のための対外開放を肯定しつつ、「対外開放後にもたらされた問題を十分見据えなければならない」と語った。鄧小平までが「開放しなければならない一方で、盲目的に無計画無差別に（なんでも）導入してはならないし、まして資本主義の腐食性のある影響に対しては、断固として抵抗し闘争しなければならない」と述べた。上述したように、開放政策に対する批判を受け入れる下地は広く存在しており、左派がつけこむ隙が大きかった。

鄧力群．精神汚染反対を唱え改革開放を批判した（写真提供：新華社＝中国通信社）

　精神汚染反対のイニシアティブをとったのは、左派のリーダー的存在であり、当時党中央宣伝部長と党中央書記処研究室主任を兼ねていた鄧力群だった。鄧力群は、同年六月にはすでに精神汚染の除去を唱えていた。そして七月には、自身の指導する両機関が連名で「愛国主義宣伝教育の強化に関する意見」を発表した。ここから、鄧力群が開放政策を「突破口」たる第一攻撃目標としていたことが看取される。

鄧小平の第一次南方視察

　もとより、改革開放政策そのものへと批判が展開したことは鄧小平の看過できるところではなかった。鄧小平の政局転換の試みは、まさに非難の集まった開放政策のてこ入れから始められた。八四年旧正月前後に、鄧小平は深圳《しんせん》、珠海《しゅかい》、厦門の三特区と、外国先進技術の導入をめぐる悶着が起こったことのある上海の宝山製鉄所を視察した（第一次南方視察）。

当時、特区に対して疑念を抱き、洞ヶ峠を決めこむ人々が出たため、特区建設にはブレーキがかかっていた。そのような状況の中、鄧小平は側近の王震と楊尚昆《ようしょうこん》を連れて視察を行い、「深圳の発展と経験は、経済特区設立という我々の政策が正しかったことを証明している」と揮毫するなどして、特区の一層の発展に対する支持を明らかにした。さらに北京に戻ると、中央の数名の指導者に対し、特区を設け開放政策を実行する指導思想が「放」であって「収」ではないことをはっきりさせなければならないと指摘すると同時に、特区以外の沿岸港湾都市をいくつか開放し、そこで一部の特区政策を実施するように指示を発した。

視察の狙い

この過程で看取されるポイントは二つある。一つは、特区や対外開放を批判し、牽制する立場には二種類が存在したこと。すなわち、保守的なイデオローグなど、開放そのものが資本主義をもたらすとする左派と、開放の必要性は認めるが、それによって国民経済の健全で自立的かつ均衡のとれた発展が攪乱されることを強く警戒する計画経済論者である。両者は一定の局面において提携し、その結果として改革開放に強い歯止めがかかることになった。

もう一つのポイントは、精神汚染反対運動の推進と抑制というプロセスに現れた、鄧小平の思考様式である。鄧小平は、共産党の指導的地位に挑戦する「ブルジョワ自由化」に対しては、左派とも同調するような強烈な反応を示した。しかし、鄧にとってはあくまでも経済建設が至上の課題であり、目に見える成果を上げたと思われる手段（または人物）を積極的に肯定する傾向があった。八四年六月、鄧は次のようにはっきりと述べた。「むろん、これ（外資の導入）はいくつかの問題をもたらすかもしれない。しかし、我々がこれを借りることで発展を加速できるという積極的な要素と比較してみると、もたらされる消極的な要素は結局のところはるかに小さい」。鄧は明らかに、平等重視型ではない、開発重視型の社会主義者であった。

中共中央の決定

鄧小平の第一次南方視察をきっかけに政局は転換した。改革開放政策が再び推進されることとなり、八四年一〇月の第一二期三中全会では「中共中央の経済体制改革に関する決定」が決議された。同決定では、体制改革の青写真が示されると同時に、中国経済の規定が変更されるに至った。すなわち、まだ市場経済とまでは呼ばれなかったものの、陳雲の力説した「計画

鄧小平の第一次南方視察．1984 年（写真提供：新華社＝中国通信社）

経済を主とし、市場調節を補とする」という規定から「計画的な商品経済」へと、市場化を進める大きな一歩が踏み出されたのである。

鄧小平の信任を得て、改革と開放を進めるための音頭を取ったのは胡耀邦総書記と趙紫陽総理であった。ともに改革支持派として有名な指導者だが、大胆な言動が胡耀邦の持ち味であったのに対し、趙紫陽はより慎重なアプローチを採った。

趙紫陽からすると、胡耀邦のやり方はときに軽率だと思え、逆に胡耀邦から見れば、趙紫陽は保守派を慮りすぎると映っただろう。この二人の違いには、性格の相異に加え、経歴の違いによる影響もあったかもしれない。胡耀邦が共産主義青年団（共青団）で第一書記を務めるなど、若い時から中央で人脈を培ってきたのに対し、趙紫陽は地方で業績を上げることによって出世してきた人物であり、より周囲の気配に敏感であった。そして実は両者の間には、リーダーシップのスタイルの違いに加え、政策上の意見の不一致が存在した。

三つの関係

改革開放に対する姿勢を分類する際、一般的によく言われるのが、計画経済を守る側が保守派であり、市場化を進める側が改革派、また計画派は中央主義的であり、改革派の方が地方主義的であるという二項対立的な見方である。しかし、このような二元論的な見方では見落としてしまう政策的差異が実際には存在した。それを理解するためには、

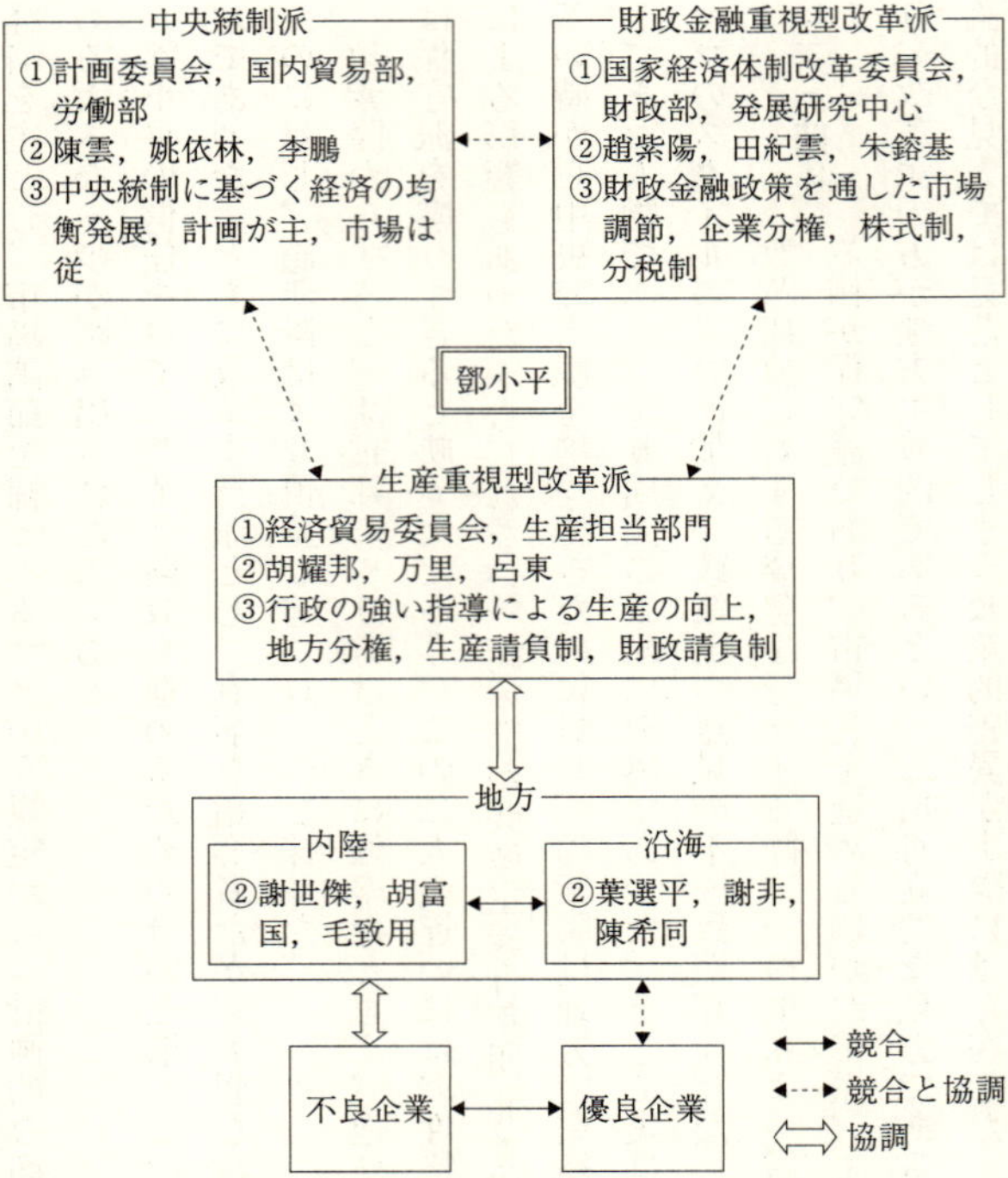

三つの立場の理念型．①は基盤官僚組織，②は代表的人物，③はおもな政策．財政金融重視型改革派と生産重視型改革派は，計画経済の改革(市場化)を共通項とする．財政金融重視型改革派と中央統制派は，手段を異にするものの，ともに中央のコントロールによる均衡発展を重視する．生産重視型改革派と中央統制派は，計画経済の官僚機構の維持に利害を共有する．すなわち，三派は三すくみ状況にあって，安定した三角形を形成している．その重心が鄧小平であるが，鄧小平は状況によって位置を移す(肩入れする政策的立場を替える)．出典『国際問題』1994年1月号

政策的立場の理念型を三分類する必要がある。

第一の立場は、あくまで計画経済が主であり市場経済は従であるとする、中央主義的かつ計画経済重視の立場で、例えば陳雲のような中央統制派である。第二の立場は、市場化を進め、経済活性化のために地方分権すべきだとする、地方主義的かつ市場経済重視の立場で、胡耀邦のような生産重視型改革派である。第三の立場は、企業への分権と市場化の徹底を唱えつつ、マクロ的な均衡を重視する、中央主義的かつ市場経済重視の立場で、趙紫陽のような財政金融重視型改革派である。

企業改革と財政改革

このような立場の違いは、企業改革や財政改革をめぐる議論のなかで政策の違いとなって表れた。企業改革は、企業を政府から分離し、独立自主の経済実体にすることを目標としていたが、その際、企業利潤の分配をめぐって政策上の論争が起こった。

焦点の一つは、利潤上納請負制と法人税制のどちらを採用するのかということであった。利潤上納請負制とは、企業が政府と事前交渉で決めた利潤上納額を請け負い、上納額を超過した利潤については、そのすべてないし一部を留保することができるという仕組みである。

財政改革との関連では、中央と地方の間でどのような財政管理制度を設定するのが一番望ましいかが焦点となった。中央にある程度の財力があれば、貧しい地方への財政移転によって国民経済全般を見通した再分配が可能となるが、中央が吸い上げすぎれば豊かな地方の活力を削いでしまうという問題が生じる。どのような財政制度を実施すべきかについて、主として三つの考え方が存在し、どれを採用すべきかが議論された。

一つめの制度案は、総額分割制である。財政収入には大きく分けて中央財政収入と地方財政収入があるが、地方財政収入を中央上納分と地方留保分に一定の比率で分割するというものである。二つめの制度案は財政請負制であり、これは地方が固定された、または一定比率で逓増する中央への上納額を請け負い、それを超過して達成した地方財政収入については地方が留保できるという制度である。三つめの制度案は分税制で、財政収入を中央固定収入と地方固定収入、そして中央と地方で一定比率の下、分割する共有収入の三つに分類するという制度であった。

利改税の導入

八三年から始まった「利改税」の導入は、利潤上納請負制を法人税制へ転換することを目的としていた。この時期、経済政策を主管していたのは趙紫陽である。趙は八〇年に復活成立した党中央財経領導小組の組長に就任し、八二年三月には経済体制改革を総合的に指導する機関として設立された国家経済体制改革委員会主任も兼任することになった。

国務院と財政部は、それまで取られてきた利潤上納請負制について、企業と企業を所轄する主管部門(政府部門)が恣意的に請負額を決めてきたと批判した。利潤はまず主管部門に上納されることになっていたが、企業が実際に上げることのできた利潤が請け負った額に達していなくても不問に付されることがほとんどであった。財政部は法人税制を導入し税率を決めておくことによって、主管部門と企業の癒着を断ち切り、前者の後者に対する影響力を弱めようとしたのである。

工場長責任制への移行

国有企業の指導体制についても、八〇年代に改革が進められた。毛沢東時代の国有企業は、主管部門の「党組」や企業の党委員会から、企業の経営や幹部の任免について指示を受けていた。第一一期三中全会直前の中央工作会議では、国有企業の活性化のため、「党の一元的領導の下で、党組織、行政と企業の不分離、党政不分の問題を解決し、責任の分担制度を実行し、管理機構、管理者の権限と責任を強化すべきである」ことが提起された。経済活性化のために「政企分離」や「党政分離」を進めることは、鄧小平の考えであった。

鄧小平の提案を受け、改革派が工場長に生産経営に関する全責任を負わせる「工場長責任制」を導入しようとしたのに対し、「党委領導下の工場長責任制」を廃止すれば企業に対する党の指導力が弱まるとして、反対する党内の声は依然として強かった。北京市の一部企業などで「工場長責任制」の試行が行われたが、党内の意見はまとまらず、八一年七月、中央政府は「国営工業企業職工代表大会暫行条例」を採択し、「党委領導下の工場長責任制」を維持したまま、生産経営面における工場長の権限を強化していくこととなった。

条例では、工場長の生産・経営指揮権は明記されていたが、人事権が工場長ではなく企業党委に属していたこと(「党が幹部を管理する」という組織原則を崩せないことによる)、また経営に関しても「重大問題」と企業党委が見なした問題については決定を下すことになっていたため、党委からの経営への口出しを防ぐには至らなかった。

しかし、共産党内で改革派の若手幹部がより大きな権限を与えられるようになってくると、「工場長責任制」の導入が積極的に推進されるようになった。八三年、中央政治局常務委員会は「党委領導下の工場長責任制」から「工場長責任制」へ移行する方針を決定し、翌年五月、趙紫陽は国有企業に「工場長責任制」を漸次導入していくと発表した。工場長は最高経営責任者として、国家(政府)の委託を受け企業の生産、経営および行政管理業務に全面的に責任を負うとされた。工場長が責任を負うこれらの分野について、企業党委の役割は、企業が党の政策と法律を実行しているか監督し、企業経営の社会主義的指向性を保証することに、少なくとも制度の上では限定された。

税制の挫折

ところが、国内の経済体制改革は、八五年に入るとすぐに暗礁に乗り上げてしまった。「経済体制改革に関する決定」に従って金融改革と賃金改革が始まったが、企業の独立法人化と価格改革が追い付かず、国有企業をはじめ各企業は自らのバランスシートを一顧だにしないまま、競い合うように資金の借り入れと賃金の引き上げを行った。その結果、経済は過熱し、都市住民の消費財価格の上昇率は前年の二・七％から一一・九％へと急騰した。

趙紫陽を筆頭とする財政金融重視型改革派が切り札として導入した利改税制度については、地方の抵抗が大きく、たとえば広東省と吉林省は実質的な請負制を実施しつづけた。また北京市は、最初は税制を導入したが、八五年から実質的な請負制に復帰した。全国的に、設定された税率が高すぎるとされたこともあって、企業の生産意欲を削ぐ結果となり、八五年から八六年にかけ企業利潤は二〇カ月連続して下降した。結局、国家経済委員会などが、請負制を全国に広めるべきだと国務院に提案し、企業収益は財政に影響することから趙紫陽もついには妥協して、その提案を受け入れることになった。

八六年、開放と改革の両方面で新たな政策の方向が打ち出された。まず、開放政策では、先進技術の導入と輸出拡大をもたらす外資に的を絞り、その導入を促進するための一連の措置が施行された。例えば、先進技術移転または製品輸出を条件として合弁期間を五〇年まで延長することや、合弁ではない、一〇〇%外資の企業を認める「外資企業法」の制定、従業員に対する補助金、土地使用料・法人税の減免、公共サービスの優先利用などである。また、部門間調整機関として国務院外国投資工作領導小組が設立され、各地方からはそれぞれの「外資奨励規定」が出された。

局面打開の試み

体制改革の面では、請負制やリース制、株式制といった企業法人税制に代わる様々な制度がいくつかの地方で試験的に導入される一方、行き詰まりを打開する手段として政治体制改革が日程に上った。毛沢東の死後、鄧小平は経済面での改革のみならず、政治面でも各級党委員会の意思決定の民主化や制度化など一定の改革を主張したが、華国鋒から徐々に実権を奪っていくにつれ、政治改革には言及しなくなっていった。しかし、経済制度の改革を推進していく中で、政治制度の改革なしにはそれにも限界があると認識した鄧は、八六年から再び政治改革について語りだすようになった。

鄧は、同年前半の経済成長の停滞について、その原因は人為的なものであり、企業に下ろしたはずの権限を地方政府が回収してしまったせいであって、経済改革は既得権をもった人的障害を除去しなければ前進できないと語るに至った。企業の独立法人化と政府の職能転換という問題は、九二年に盛んに提唱されることになるが、そこに改革の鍵があるとする考え方は、すでにこのとき政治改革を推進する主張として現れていたのである。

改革の停滞と胡耀邦の失脚

しかし、当時の政治改革論議の「解禁」は、リース制や株式制の検討と共に、左派や計画経済論者たちの強い警戒を引き起こした。もともと、開放政策がもたらしたとされた弊害に対応するために、八六年の党の主要な活動として、第一二期六中全会を開催し、精神文明建設の決議を行うことが早くから決定されていた(同会議は結局、九月末に開催された)。あたかもそうした保守的な動きに正面から対抗するがごとく、単なる経済改革の手段ではない、政治の民主化や公開化そのものを求める議論がこの時点で展開されたことは、まさに開放政策の忌まわしき副産物である「ブルジョワ自由化」だと一部からは見なされた。

政局の緊張が高まったこの時点で、当時の胡耀邦党総書記は、日本の中曽根首相との良好な関係を利用して「開放の良き一面」をアピールしようとした気配がある。六中全会直前に胡総書記の個人的な招待を受けた中曽根首相は、一一月に訪中して日中青年交流センターの定礎式に出席し、中国の青年を五年間にわたって毎年一〇〇名ずつ招待することや、第三次円借款の供与を検討することを約束した。しかし、同月に始まった学生デモが、次第に一党支配体制への批判へと傾いていくと、胡耀邦はそうした「ブルジョワ自由化」傾向への軟弱な対応を第一の理由として、八七年一月に総書記の座から引きずり下ろされた。

3　改革構想の挫折

鄧小平の目的

鄧小平が政治改革の必要性を説いたのは、官僚主義を打破して企業や大衆の活動を活性化するためであり、分権化と制度化を進めて経済改革の行き詰まりを打開することを目的としていた。あくまでも中心目標は行政改革による効率アップであり、共産党の独裁の維持を重視し、それを脅かす政治的自由や三権分立制の導入などについてはブルジョワ自由化と呼んで強硬に反対した。八七年初めに胡耀邦総書記を解任したのも、胡がブルジョワ自由化を抑えるための対策に熱心ではなかったことが最大の理由だった。

胡に代わって総書記代行に選ばれたのは趙紫陽総理であった。鄧小平は、この起用により、改革開放政策に変更はないことを内外にアピールした。秋の第一三回党大会をにらみ、鄧・趙コンビはブルジョワ自由化反対の動きが経済領域へ拡大することを迅速に封じ込め、胡耀邦失脚の影響が改革開放政策の停滞をもたらすことを防いだ。

八七年秋に開催された第一三回党大会で、趙紫陽は総書記代行から正式に総書記に就任し、「社会主義初級段階論」と「一つの中心、二つの基本点」を提唱した。社会主義初級段階論とは、中国は生産力が立ち遅れ、商品経済が未発達の、初級の発展段階にある社会主義であり、かなり長期にわたる初級段階を経て、他の多くの国が資本主義の条件の下で成し遂げた工業化と生産の商品化、社会化、現代化を実現しなければならないという考え方で、改革と開放を正当化する内容であった。「一つの中心」とは、「経済建設を中心とすること」であり、「二つの基本点」とは、①四つの基本原則と、②改革開放である。ブルジョワ自由化を防ぎつつ、改革開放政策を押し進め、経済成長を実現することが基本路線として確認された。

趙紫陽の動機

鄧小平が政治改革案づくりの責任者に指名した趙紫陽は、経済改革の行き詰まりのみならず、その一定の進展が生み出した新しい社会状況に着目していた。つまり、市場化によって社会における利益が多元化し、人々の意識が多様化した事態を踏まえ、利益の表出と集約、調整のための政治制度を構築する必要性を認識していた。

趙紫陽は利益集団の組織化とその体制への取り込みを推進し、たとえば、趙の提案のもとに八六年末には全国個体労働者協会が設立され、その幹部が全人代の代表に引き上げられた。そのほかに、選挙制度を拡充して改革支持勢力を強化することや、汚職腐敗対策としてのメディアによる幹部の監視、そして改革の停滞に不満な知識人の政治参加を認め、党と知識人の関係を改善することなどを考えた。趙紫陽は、共産党と社会の諸勢力との協商(協議)を重視したといえる。

八七年の第一三回党大会に提示された政治改革案は、次のような画期的な内容を含んでいた。①党政(党と政府の)分離、②一層の権限下放、③政府の機能転換(企業の直接管理の取りやめ)、④幹部人事制度の改革(公務員制度の樹立)、⑤指導機関と大衆の協議対話制度の樹立、⑥社会主義民主政治の制度整備(人民代表大会の改善、労働組合の自主権強化など)、⑦社会主義法体系建設の強化、⑧党内民主の拡大と制度化。これらの改革案はそのとおり採択されたが、中国政治の常として、決定された政策が執行されるとは限らなかった。

改革の挫折

党大会後、政府機関に設けられていた「党組」と呼ばれる意思決定組織が廃止されるなど、いくつかの措置は実施に移された。しかし、結果的にほとんどの政策は看板倒れに終わった。その最大の原因は、既得権の侵害に対する党内の強い反発であった。例えば、人事権を掌握していた中央組織部は、公務員制度を実行する条件が整っていないと訴えた。また、党政分離にともなう党組織や職位の解消には、中央でも地方でも強い反対の声が上がった。さらに、当時強い発言力を有した革命の元老たちは、共産党の独裁を少しでも揺るがすような措置を強く警戒した。

さらに、物価の上昇や、沿海と内陸の格差拡大なども、改革に対する批判へとつながった。八八年春の全人代では物価の上昇に対する不満の声が強く上がっていたが、インフレは昂進し、七月には一九・三%、八月には同二三・二%の物価上昇率を記録した。この背景として、地方政府からの圧力の結果、地方に「かまどを分ける」各種の財政請負制度が導入されることとなり、各地で利潤の高い軽工業や加工業に対する投資が加熱したこと、国の補助金を当てこんだ企業によるボーナス乱発が起こったこと、さらに物資の二重価格制と自らの特権を利用して横領に手をそめる役人ブローカーが跳梁跋扈したことなどが挙げられる。

さらに、五月以来、鄧小平が価格改革の早期断行を主張しはじめ、夏に価格・賃金改革の五カ年計画が発表されると、その知らせに驚いた市民は商品の買いだめと預金の取り付けに走った。以上の諸々の要因が重なった結果、通年で前年比一八・五%に達する物価の急上昇が発生した。

学生たちに囲まれながら拡声器で呼びかける趙紫陽．向かって右後ろは温家宝（写真提供：新華社＝中国通信社）

天安門事件の勃発

八九年四月、胡耀邦が死去すると、学生や市民による自発的な追悼活動が起き、それはしだいに民主化要求運動に発展した。大規模なデモや天安門広場での座り込みなどが行われたが、その背景をなしたのは、前年以来の経済改革の停滞であった。

八八年秋より、経済政策決定の主導権は計画経済論者の李《り》鵬《ほう》総理と姚《よう》依《い》林《りん》副総理の手に渡った。その下で、計画的な手法による経済管理の強化と財政金融の引き締めが行われた結果、しばらくは物価の上昇と景気の低迷が併存するスタグフレーションが生じた。その一方で、一部の学生や知識人は、政治改革の停滞にも強い不満を抱いた。とくに、二重価格制を悪用し、統制価格の安い品物を高い市場価格で売って儲ける、「官倒《かんとう》」と呼ばれたブローカー行為に批判が集まった。

八九年四月二六日の『人民日報』の社説で、学生の抗議活動が反党、反社会主義の動乱だと決めつけられると、それに反発する学生の活動は一層盛んになった。北京ではその間、五月四日にアジア開発銀行理事会が、同月一五日からゴルバチョフ書記長の訪中があったが、事態は収拾されず、混乱が続いた。その大きな原因は、対応方法をめぐって指導部に意見の相違があったことである。

話し合いによる穏便な解決を求めた趙紫陽や胡啓立《こけいりつ》らに対し、鄧小平や李鵬、姚依林らは強硬弾圧を訴えた。多くの指導者は、たとえ内心では趙紫陽に賛成であっても、最高指導者である鄧小平の威信を守ることが党の権力と秩序の維持に重要だと考えた。最終的に強硬論者が権力闘争に勝利し、六月四日未明、戒厳軍が天安門広場を制圧した。天安門広場への進軍を止めようとした市民や学生との衝突により、当局の発表によれば、二百数十名の死者と一万人ほどの負傷者が出た。いわゆる天安門事件である(六四《ろくよん》事件、あるいは第二次天安門事件とも呼ばれる)。事件後、趙紫陽は市民や学生を支持した責任を問われ、党における全職務を解かれて失脚した。

この事件の後、鄧小平も党政分離を語ることはなくなった。取り消された政府機関の党組は復活し、労働組合などの党からの自立は否定された。九〇年代にできた公務員制度は、八七年の構想が目指した政治的中立性とは程遠いものになった。政治改革は、ほとんど停止状態に陥ってしまった。

天安門事件は国際社会における対中イメージを一気に悪化させ、先進七カ国会議(G7)は中国への制裁を決定した。中国の側では、西側諸国が中国の「和平演変」(平和的手段による体制の転覆)を企てていると非難した。さらに、ベルリンの壁崩壊に始まる東欧諸国とソ連の民主化は、中国の孤立感と危機感を一層深めることとなった。

長老グループの動き

ここまでを総括すると、地方幹部の既得権への執着を一因として、諸侯経済と言われた地方の独立傾向と行政・企業間の癒着が続く一方、多元化した社会における利益衝突が顕著になった。そこで、胡耀邦も趙紫陽も経済改革の活路を対外開放の拡大と政治改革に求めたが、それは鄧小平の意志でもあった。

だが、中央から末端まで党や政府の幹部たちは権限を奪われることに強く抵抗し、経済改革も政治改革も肝心のところで進まなかった。それに業を煮やした学生や市民による抗議行動が起こると、両総書記は対応の甘さを問われて失脚した。左派と計画経済論者の連合に、鄧小平をはじめとする一群の長老たちが味方したからである。

この長老グループの特徴は、市場化と対外開放には基本的に賛成するものの、共産党の一党独裁を脅かす「ブルジョワ自由化」には絶対反対の立場をとることであり、彼らはいわば独裁重視型の政治改革論者であった。政治改革については、あくまでそれが行政の効率を高め、官僚主義を打破して大衆の意欲を喚起する限りにおいて、必要不可欠と考えたのである。

ところが、趙紫陽らは、改革の進展による利益集団の発生とその間の利害調整のための政治制度構築、そしてそれによる党権力の相対化を不可避と見ていた。その意味で、彼らはいわば協商重視型の政治改革論者であったが、政局に隠然たる影響力を持つ軍内に足場がないこともあり、抵抗勢力を圧倒して党内で主流となることはできなかった。

改革開放の危機

第二次天安門事件後も中国指導部は改革開放の堅持を内外に訴えたが、機に乗じた左派思想の台頭は避けるべくもなかった。鄧小平の指名により総書記に就任した江《こう》沢民《たくみん》は、当時の政治状況の中で、市民の間の収入格差拡大を問題視する平等重視型の党指導者としてデビューした。実際の政策の上では、政治改革が事実上停止されて教条主義的な政治教育が行われる一方、経済面でも郷鎮企業や個人経営に対するチェックが強化された。

さらに、「和平演変」に対する警戒は新指導部の一大テーマとなり、改革開放以後は社会の主要矛盾ではないとされた国内の階級闘争の継続と抱き合わせて議論された。「和平演変」の御先棒を担ぐ階級敵だというレッテルを貼られる恐怖が、党幹部に外資導入を躊躇わせた。また、国際社会からの借款停止などの経済制裁に加え、改革開放政策の変更を恐れた外国資本の撤収やプロジェクトの停止が多発し、中国の対外開放は大きな危機を迎えた。

このような事態に直面し、鄧小平は開放促進を唱え、「改革の指導グループ、開放の指導グループは、開放にかかわる事柄を明らかなかたちで行わなければならない。私は以前、さらにいくつかの香港を造らなければならないと言ったが、それはすなわち我々はこれまでに増して開放せねばならず、開放なくしては発展しないということを言ったのである」と八九年後半に述べて、上海や深圳の指導者らを鼓舞した。

開放なくして発展なし

当時上海市長であった朱鎔基《しゅようき》は、同年一〇月、「改革開放をさらに進めることが上海経済の苦境脱出の唯一の途である」と表明し、翌九〇年春には浦東地区開発構想への国家支援を確保した。他方、深圳では九七年の香港返還を視野に入れ、国際市場との一体化を目指す大胆な改革の青写真を九〇年二月の経済特区工作会議に提出したが、立法権付与や特区通貨発行などの提案は中央によって却下された。この中央の対応の違いの一因は、国有大中型企業を中核とし、揚子江を通じて内陸への経済的な波及効果が期待される上海を優先させるという計画経済論者の発想にあった。

しかし、広東省をはじめとする沿海地域が一斉に台湾企業への優遇策を打ち出したこともあり、八九年秋から主に広東を対象にした対中投資ブームが起こった。台湾が、ちょうど域内経済の構造改革に直面していたというタイミングの一致もそれに寄与した。冷えきった外資導入は、南方から急速に活況を取り戻し、結局、九〇年の直接投資契約は件数・金額とも過去最高を記録した。また、国家主導の輸入引き締めと輸出促進が功を奏し、九〇年には貿易収支が七年ぶりに黒字に戻った。

左派の攻勢

とはいえ、左派の攻勢が止んだわけではなかった。特区や外資導入、市場メカニズムの活用を資本主義と見なすばかりか、改革開放を資本主義の導入と呼び、「和平演変」の主要な危険は経済領域から来るとする主張は、意外なほど浸透した。農村では生産手段の再集団化が行われるという噂が広まり、若木を切り倒し、牛や農機具を売ってしまう農家が続出した。

九〇年半ばには、実際に再集団化を意図した「農業合作化章程」が政治局で討議され、これは否決されたものの、労働者の考課基準に政治思想を復活させた労働者考課条例（「工人考核条例」）は国務院常務会議を現実に通過した。また九〇年後半に山場を迎えた第八次五カ年計画の制定過程において、国務院の提示した原案は、成長速度の低さと改革の分量の不足ゆえに鄧小平の不興を買った。

とくに、九一年八月のソ連における保守派クーデター失敗以後、左派の危機感と攻勢は強まった。鄧力群は、社会主義社会における階級闘争を所有制と結びつけ、公有制の部分と外資や個人経営などの私有制の部分との間には、矛盾と闘争が存在すると説いたばかりか、文革期と同様の口調で、これらの矛盾は社会主義の道と資本主義の道の間の矛盾であり、この矛盾は党内に存在するとした。また、一二月に開かれた全国組織部長会議では、翌年の党大会に向けた人事政策が検討されたが、そこで決定された幹部選考の第一基準は、社会主義と党の領導への忠誠や天安門事件の際の言動であった。

鄧の政治力の低下

鄧小平は、九〇年末には薄一波《はくいっぱ》など長老の口を通じて、また九一年春には上海の党委機関紙『解放日報』を通じて世論形成を図った。鄧の発言は、「皇甫平《こうほへい》」という筆名を使った三名の記者らによってまとめられ、数回に分けて同紙に発表された。

だが、鄧小平の観点を広めようとするこの試みは、中央宣伝部門を握る左派に封じられた。一〇年にわたる改革開放の後も、なぜ左派や計画経済論者がこれほど根強い力を保持しえたのか。その背景には、中国共産党の民族解放闘争の歴史、改革や開放とともに実際に起こった腐敗や風紀の乱れ、一党独裁に対する挑戦や既得権益が剝奪されることへの党幹部たちの警戒感、そしてソ連・東欧の体制転換に対する危機感などの要因が挙げられる。

さらに、それらに加えて、党と政府の官僚制にかかわる構造的な要因の存在を見逃すことはできない。すなわち、宣伝部門や組織部門に属する全国の「政治工作幹部」と、解体されないまま残存した計画経済機構の官僚群が、それぞれ党と政府のバックボーンとして無視しえない勢力を形成し、いわば中国共産党の保守本流として、指導層にいる左派と計画経済論者の後ろ盾となったのである。

第3章　社会主義の中国的変質

一九九二―二〇〇二

左から，江沢民，李鵬，朱鎔基．保守本流を代表する李鵬とのせめぎ合いの中で，朱鎔基は大胆な市場化を推進し，グローバル化の潮流を認めた江沢民はそれを支持した（写真提供：ロイター／アフロ）

1　南方談話と朱鎔基改革

乾坤一擲の南方談話

一九九二年初め、鄧小平は上海から武漢を経由し、広東省の経済特区に向かった（第二次南方視察）。そこで、地方幹部を相手に、大胆に改革と開放を加速せよと強く訴えた。わざわざ広東省まで出向いたのは、その前年の上海を源とする同様のメッセージが、中央宣伝部門などの抵抗のため効果を上げなかったことによる。今回は、香港のメディアを活用することにより、反撃の狼煙を上げようとしたのであった。南方を視察し、地方の不満を糾合して中央の政局を動かそうとする手法は、大躍進や文化大革命を発動した時の毛沢東のやり方と同じである。鄧小平としてはここが正念場の、まさに乾坤一擲の行動であった。

生産力と国力、そして生活水準の向上にとって有利な制度や政策であればそれは社会主義的であるという、「三つの有利」論などを内容とした鄧小平の南方談話は、まず香港のメディアを通して世界に伝わった。それが中国に逆輸入され、景気の低迷に苦しんでいた地方幹部たちの強い支持を得ることになった。実に過半数の一七以上の省級地方が、南方談話に呼応して中央より早く改革開放の加速化を宣言した。その結果、政治情勢は一転し、大胆に改革開放を進めよとの鄧小平の号令は、三月に開催された政治局全体会議で正式に政策として認知された（南方視察中の談話は、その前に党中央二号文件として既に整理、発布されていた）。

それを受けて、六月には、対外開放の一層の拡大を目玉とした党中央四号文件が伝達された。その主な内容は、①揚子江沿岸都市と国境を有する内陸省の省都（ラサを除く）への沿海開放都市政策の適用と、内陸国境都市・県の開放により、対外開放を「沿海から沿江（揚子江）、沿辺（国境）へ」と拡大させる、②経済特区および山東、江蘇、浙江、福建にそれぞれ港湾都市を一つ選ばせ、保税区を設置させる、③国家の批准を得た産業政策に合致した重要プロジェクトとハイテク・プロジェクトには、地域にかかわらず、開発区の優遇政策を享受させる、④テストケースを通じて、外資を直接利用できる領域を金融、貿易、商業、交通、観光、その他の第三次産業まで拡大していく、などであった。

珠海の工場を訪れた鄧小平．1992 年 1 月（写真提供：新華社＝中国通信社）

これらの政策が打ち出された後、企業誘致を主目的とする各地の開発区は激増し、九月頃までに一九〇〇カ所に達した。外資の側も積極的な反応を示し、九二年の外国投資案件許可数は、過去一三年間の総和にあたる四万件あまりとなり、契約額は五八〇億ドルと前年の三倍以上に達した。

第一四回党大会の開催

一九九二年一〇月に開催された第一四回党大会では、活動方向と人事に関する重要な決定が行われた。まず、同大会では、経済改革の目標が社会主義市場経済体制の確立にあると規定された。もちろん、これで完全な市場経済体制へと移行したわけではなく、「社会主義」という肩書きが付いていたのは、共産党が指導的役割を果たし、公有制を主とする所有制度と、労働に応じた分配を主とする分配制度を維持していくという原則が残されたことを表していた。それでもやはり、この規定は計画経済との決別の宣言であり、理論的にも政治的にも大きな意義を持つものであった。

鄧小平は、ソ連・東欧の社会主義体制の崩壊が経済の失敗によって起きたと指摘し、開発主義による支配の正統性の獲得をねらった。冷戦の終焉、そしてグローバリゼーションの急速な進展という世界状況のなかで、市場化の道を選んだ中国は、高度成長期に突入した。それはちょうど、日本や欧米諸国が、第二次天安門事件後に中国に科していた経済制裁を解除していった時期であり、以来、グローバリゼーションと中国の経済的台頭は相互作用の関係にある。

上海閥の形成

江沢民が総書記を務めていた十余年の間、最大の功績は何かといえば、権力の座を長く保つことにより、曲がりなりにも中国に政治的な安定をもたらしたことであった。江沢民の政治スタイルの特徴は、出処進退を状況の変化に巧みに合わせ、諸勢力のバランスを保ち、巧妙に権力を維持し強化したことである。自らの権力基盤のため、諸勢力の均衡のなかの重心とすべく、第一機械工業部に勤務した時代の職縁と、上海に勤務した時代の地縁・職縁でつながる「上海閥」と呼ばれる自らのシンパを中央の要職に引き上げた。

中国政治における派閥は、日本の政界におけるそれと違い、団体として存在するわけではなく、事務局や会則も存在しない。「関係《グァンシ》」と呼ばれる人脈が、地縁や姻戚関係も含めた血縁、業務や上司を通して結ばれる職縁、同窓による学縁、相性に基づく情縁などで形成され、張り巡らされているなかで、その人脈の網の目が最も細かく、脈が最も太い部分が中国の派閥だと考えられる。上海閥は、主に地縁と職縁が重なってできたものである。

九二年に鄧小平の南方談話や一連の政策を行い、改革開放が再び息を吹き返すまで、江沢民は李鵬人脈や保守的な元老たちの影響を受け、イニシアティブを発揮することはほとんどなかった。しかし、第一四回党大会以降、江は鄧の後押しを受けて自らの権力基盤を強化し、ライバルを重要な地位から遠ざけていった。たとえば、軍内派閥として名を馳せていた楊尚昆・楊《よう》白冰《はくひょう》兄弟の、いわゆる「楊家の将軍」に連なる勢力も引退や辞任に追い込まれた。第二次天安門事件以降、軍の人事権を掌握した楊白冰・軍総政治部主任は自らの子飼いを重用したほか、軍も大慶油田の労働英雄、王進喜《おうしんき》から学ぶべきだと言う江沢民中央軍事委員会主席の指示を完全に無視したこともあった。鄧小平は第一四回党大会で、楊家の老齢の兄のみならず弟をも中央軍事委員会から外すことを決断した。軍出身ではない江沢民が人民解放軍内の権限を掌握するのは容易ではなかったが、鄧小平の後ろ盾によって、大きな障壁となる勢力の周辺化を進めていった。

根強い保守派の抵抗

九二年の第一四回党大会で、鄧小平は保守的な元老たちを引退させ、改革と開放に積極的な若手を抜擢しようとした。まず、権力の中枢たる政治局常務委員会から、計画経済論者と目される二名のベテラン幹部、姚依林と宋平《そうへい》が退いた。それに代わって政治局常務委員に任命されたのは、それまで正式には中央委員候補に過ぎなかった市場化推進論者の朱鎔基副総理らであり、組織部門の責任者には弱冠四九歳の胡錦濤《こきんとう》チベット自治区党委書記が抜擢された。それまで政治局常務委員が務めていた中央規律検査委員会主任や政法委員会書記、中央宣伝思想工作領導小組組長の後任には、尉《い》健行《けんこう》、任建新《にんけんしん》、丁関根《ていかんこん》といった政治局委員や書記処書記が任命された。

しかし、国務院総理の交代を実現することはできなかった。鄧小平は、市場化に消極的だった李鵬に代えて、朱鎔基を総理の座に付けようとした気配が濃厚である。鄧は九二年五月、首都鉄鋼公司を視察した際、経済のわかる者を登用すべきだと述べ、その一例として朱鎔基副総理の名を挙げていた。しかし大方の予想を裏切り、李鵬は総理を辞すことなく、九八年までその座に留まり続けた。計画経済の看板は下ろしたものの、イデオロギーやメディア、教育を統轄する中央宣伝部や人事を司る中央組織部といった、中国共産党保守本流の根強さを如実に示す出来事であった。

全面改革の胎動

鄧小平が南方談話を行った後、中央政府が推進したのは生産重視型改革派の政策であった。第2章でも述べたが、生産重視型改革派とは、政策目標のなかでも経済成長をとくに重視し、そのためには中央・地方間で財政請負制を実施するなどして地方分権化を進め、政府・企業間では生産請負制を導入して企業の積極性を刺激することを主張する勢力である。また彼らは、市場化に直面しながら自主経営能力を欠く国有企業に対して、政府の担当部門(「主管部門」)が強い管理と指導を行うべきだと考えていた。

地方政府は南方談話で示された政策を強く指示し、改革開放は再び波に乗りはじめた。九二年から九五年にかけて毎年の国内総生産の伸び率は二桁を記録し、当時世界でも一、二を争う高度成長が実現した。他方で、多くの地方政府は、自らがビジネスの主体となって自地域の成長と雇用の確保、また財政収入の増加を追求し、見境なく開発を進め、とくに外資誘致を主目的とした開発区が乱立した。いわば企業家型地方主義による乱開発が行われる過程で、ノンバンクの乱立や、銀行に対する採算を度外視した政策的融資の強制などが起きた。その結果、金融秩序の混乱とインフレの昂進が起こったのである。

分税制の導入

それらの問題にどう対処すべきかをめぐり、李鵬総理と朱鎔基副総理の意見は対立した。李鵬が、当時の専業銀行による政策的融資は続けざるをえないと考えたのに対し、朱鎔基は銀行制度を改革して政策的投資銀行と商業銀行を早く分離すべきであると主張した。二人の意見の不一致が表面化した後、李鵬は九三年の春から秋にかけて病気療養のためと称して職務を離れた。その間、朱鎔基が経済政策決定のイニシアティブを握り、李鵬の腹心であった人民銀行行長を解任し自らがその職を兼任して、金融と財政のマクロコントロール強化に乗り出した。さらに、金融と財政を含む総合的な経済改革の青写真を作成し、それを徐々に実行に移すことに成功したのである。

その青写真とは、九三年一一月の第一四期三中全会において採択された「社会主義市場経済体制確立の若干の問題に関する中共中央の決定」である。そこには、税制や投融資制度、企業制度、外国貿易など、広範な分野にわたる改革案が示されていた。

その中でもとくに画期的であったアイデアの一つは、分税制の導入であった。中央財政収入の増加と財政の制度化を進めるための、国税と地方税を分ける近代的な税制の導入は、清朝末期よりの課題であった。八三―八四年に一旦提起されたものの、自分の取り分が減ることを恐れた地方の反対にあって実現できなかった政策である。それがこの時点で導入できた重要な原因としては、朱鎔基というリーダーの剛腕のほかに、鄧小平の第二次南方視察とその後の改革開放政策の急進展によって中央統制派が周縁化されたという、政治構造上の変化があった。朱鎔基は、中央の政局を慮ることなく、地方の説得に当たることができたのである。

第一四期三中全会決定には、他にも近代的な企業制度の確立や、一部の国有大中型企業の株式化と小型国有企業の売却の許可、そして銀行制度に関する改革案などについても言及されていた。すべてがすぐに実行されたわけではないが、これらの政策からわかるように、朱鎔基は財政金融重視型の徹底した改革を進めようとしたのである。

2　ナショナリズムの台頭

鄧外交の二面性

鄧小平は、改革開放を推進し、経済建設を最優先するため、国際共産主義運動の推進と階級闘争を中心とするそれまでの外交路線を転換し、平和的な国際環境の確保を対外政策の基本方針とした。とくに一九八二年からは全方位外交を打ち出し、時に対立と緊張の当事者となりつつも、概ね各国との平和共存を基調とした外交を展開してきた。

ただし、鄧小平を、単に経済発展と安定を重視するリベラルな国際政治観をもった人物と見なすのは誤りであろう。鄧小平の指導した外交政策から、それ以前の毛沢東時代の外交上の原則がすっかり排除されたわけではなかった。帝国主義列強の侵略を受けて反植民地化された記憶が消え去ったわけではなく、香港の返還や台湾との統一、あるいはチベット族やウイグル族の民族運動などについても譲るところはなかった。すなわち鄧小平は、経済建設のための宥和外交と、主権保全のための強硬外交という、時に矛盾し、対立する二大方針のバランスを保持するという枢要な役割を担っていた。

全方位外交は中国の経済建設にとって大きな役割を果たした。さらに、中国は八九年半ばまでに対ソ、対印関係も含め、全般的に良好な対外関係を展開するようになり、それを基礎として経済交流も順調に発展した。

天安門事件後の中国外交

しかし、順風満帆に見えた中国外交は、八九年の第二次天安門事件の勃発によって最大の危機に直面した。そこへさらに追い打ちをかけるように、ソ連・東欧の脱社会主義化がその年末から一気に加速した。中国は、西側諸国から非難と制裁の的となると同時に東側陣営の崩壊に直面するという、孤立状況に陥ったのである。そして九一年には、ついにソ連が解体し、ソ連共産党が解散するという事態に至った。なかでも、アメリカが人権、武器輸出、貿易、台湾との関係などをめぐり、厳しい対中政策をとったことは、鄧小平の宥和外交に大きな困難をもたらした。

八九年から九一年にかけて、内外における社会主義の危機に直面し、中国国内では計画経済論者と左派のイデオローグが再び勢いを取り戻した。経済特区をはじめとする開放政策への批判が再燃し、党の中枢である政治局常務委員会において、市場経済化という改革の方向に強い疑義が提示された。また、アメリカからの圧力に対して譲歩せぬよう、軍の現役・退役幹部らが鄧小平や江沢民に強硬姿勢を要求したという、香港を通じての情報が盛んに流された。

内外の危機に対処するため、まず、鄧小平は民主化運動の背後には西側による「和平演変」の試みがあるとして西側諸国を非難し、経済制裁措置に対する強い憤りをあらわにした。しかしその一方で鄧は、経済成長のために改革開放を大胆に実行しなければならないと強調した。この判断を支えたのは、経済政策の失敗が東側陣営の崩壊を招いたという観察と、過去一〇年にわたる改革開放政策の成功であり、その継続によって資本主義国を再び中国市場に引き寄せることができるという、経済中心的な発想に基づく自信であった。

韜光養晦政策

アメリカからの様々な圧力に対しても、時に強い反発を示しながら、米中は互いに「信頼を強め、面倒を減らし、協力を発展させ、対抗は行わない」ようにすべきだとする原則を再三提示し、対米宥和という基本姿勢を崩さなかった。いわゆる、「韜光養晦《とうこうようかい》」政策である。ただし、鄧小平がいつどこで、あるいは実際に「韜光養晦」(能力を隠し、低姿勢を保って時を待つ)という言葉を発したのかどうかは明らかでない。鄧のこのような外交姿勢が韜光養晦政策として中国国内で認識されるようになったのは、九〇年代半ばのことである。

また、中国は八九年の孤立状況からの脱却のため、第三世界諸国、とくに経済成長のめざましい東南アジア諸国との交流強化に努めた。南シナ海における東南アジアとの軋轢はしばらく沈静化させ、争いの棚上げと海底油田の共同開発を提起した。そして九〇年から九二年にかけて、中国はインドネシア、シンガポール、ベトナム、韓国と外交関係を正常化することに成功した。

天安門後の日中関係

第二次天安門事件後の国際的孤立を突破するため、中国が重視したもう一つの国は日本であった。事件直後は日本政府も若干の躊躇の後に対中非難の輪に加わり、ODAの凍結などの措置を発表した。だが、他の西側諸国に比べ日本は中国に制裁を科すことに消極的で、中国を孤立させるより、国際社会の枠組みのなかに取り込んでいくことで変化を促すべきであると考えた。

そして九一年八月、日本は先進国の間で最も早く、中国に対する経済制裁の解除に動いた。九二年、李鵬総理は天皇の訪中を招請した。天皇訪中は、鄧小平が七八年の来日時に提案して以来、日中間の懸案となっていた。日本(とくに自民党内)では、天皇の訪中が政治利用されるのではないかと心配する声があり、中国では、対日関係を重視する鄧小平ら改革派と対日強硬派の間でせめぎ合いがあった。天皇と皇后の訪中は、九二年一〇月に実現した。歓迎会で、天皇は「両国の関係の永きにわたる歴史において、わが国が中国国民に対し多大の苦難を与えた不幸な一時期がありました。これは私の深く悲しみとするところであります」と語った。楊尚昆国家主席は、話し終えた天皇に、「温かいお言葉、ありがとうございました」と声をかけた。天皇の訪中は、その間トラブルや反対行動もなく終わった。最終訪問地の上海では、車道の両側を埋め尽くした市民たちに笑顔と拍手で迎えられる光景も見られた。

鄧の対台湾政策

鄧小平が改革開放に舵を切った外的要因の一つは、台湾を含めた近隣諸国・地域のめざましい経済成長にあった。鄧は、そこから中国が取り残されたという焦燥感を抱いた。華人の経済力を利用することを目論んだという事情もあり、鄧小平は対台湾政策にも変更を加えた。七九年一月一日、共産党政権は米中国交正常化と同時に「台湾同胞に告げる書」を発表し、武力解放に加えて平和統一を主要な対台湾政策とした。鄧小平はカーター政権の要求した平和解決へのコミットメントを拒絶したが、それは、武力行使の放棄を宣言すると台湾当局を平和統一の交渉から遠ざけてしまい、台湾独立運動が発展すれば逆に武力行使を迫られる可能性が高まるという理由からであり、鄧の対台湾政策の主要内容はあくまでも平和攻勢をかけることであった。

他方、台湾では、八〇年代後半に政治の自由化が進んだ。国内における台湾アイデンティティの伸長、国際社会からの政治自由化に対する要求、国家承認をめぐる中国との競走における劣勢など、国内外からの圧力を受けた蔣経国《しょうけいこく》は、政治の民主化を決断した。八六年には党外勢力が結成した民主進歩党を追認し、八七年には戒厳令を解除、そして八八年には新規新聞の発行禁止を解いた。また、政治の自由化と並行して、すでに経済交流の進展によって形骸化が進んでいた大陸との接触禁止政策が改められた。八七年には外貨管理が緩和され、香港経由など間接的な形ではあったが、台湾企業の大陸投資が促進された。八八年一月に蔣経国は死去するが、その後を継いで総統に就任したのが、日本統治時代から台湾に住む本省人の李登輝《りとうき》である。

李登輝外交の展開

李登輝(写真提供：朝日新聞社)

李登輝は、初の本省人指導者として民主化を推進した。党内では、本省人が主流派を形成するようになり、李登輝の指導下において国民党政権自体が次第に台湾人意識を強めることになった。そして、九六年の初の総統民選の際には、「大台湾を経営し、新中原を打ち立てる」ことが強調された。いかに確固とした「台湾アイデンティティ」を確立するかが、李登輝政権の主要課題となっていったのである。

李登輝は、九一年五月に「反乱鎮定動員時期」の終結を宣言した。これは、総統の独裁的権限を廃止する民主的措置であったと同時に、国民党による一方的な内戦終了宣言であった。同時に憲法を改正し、中華民国憲法の効力が及ぶ範囲を台湾に限るとした。つまり、中華民国の国家権力の正統性が台湾人民のみに由来することを明確にし、共産党政権が大陸を統治する正統性を認知したのである。

李登輝にとっては台湾を存続させることがすべての前提であり、そのためには外国と関係を結ぶことが必要であるという考えから、外交にも力を入れた。九三年には国連再加盟が当面の外交の最高目標に設定され、同年から翌年にかけ、行政院長の連戦《れんせん》や李登輝自身が「休暇」と称してASEAN諸国を訪問した。そして九五年六月には、クリントン政権の承認を得て、李登輝は非公式ながら訪米を果たした。母校のコーネル大学での演説で李登輝は、経済発展を遂げ民主化した台湾人民が国際的認知を求めるのは自然な成り行きであると述べ、「デモクラシーは軍事力にまさる安全保障手段である」と強調した。

台湾海峡危機

李登輝の訪米やこのような発言は、中国の強い反発を引き起こすことになった。共産党政権は、改革開放以降、一貫して台湾との経済交流促進政策を続けていた。台湾からの投資は中国の経済発展にとって有利であると同時に、台湾の分離傾向を封じ込め、平和統一を促進する上でも有用だと認識していたからである。江沢民は九五年一月に「江八点」と呼ばれる対台湾八項目提案を打ち出し、台湾に大陸との交渉開始を呼びかけたが、台湾側の反応は冷淡であり、さらに李登輝の訪米によって、江沢民はすっかり面子を潰される形となった。

江沢民の対台湾政策は強硬なものへと転じ、九五年七月に台湾北方沖に向けてミサイル発射訓練を実施したほか、翌年三月の総統直接選挙の直前にはミサイル発射演習、海空軍実弾射撃演習、陸海空軍統合演習を実施して台湾を威嚇した。このような武力による威嚇は、台湾住民の大陸への反感をむしろ募らせ、李登輝は高得票率で総統に当選した。また、このときアメリカは空母二隻を台湾海域に派遣し、人民解放軍を牽制した。この台湾海峡危機は中国の対外イメージを損ね、中国脅威論を喚起することとなった。

「三つのノー」と「二国論」

アメリカは、軍事力を伴う緊張の高まりに対し、台湾との間で安保対話を開始すると同時に、中国との関係改善を図った。クリントン大統領は江沢民に訪米を招請し、九七年一〇月に江沢民が訪米、その翌年にはクリントンが訪中し、中国側が要求していた「三つのノー」の公表を行った。「三つのノー」とは、台湾の独立を支持せず、「二つの中国」「一中一台」を支持せず、国家であることをメンバーシップの条件とする国際機関への台湾の参加を支持しないという政策である。

「三つのノー」政策の表明は、台湾にとって衝撃であった。アメリカから促される形で中台間の対話が再開したものの、李登輝は九九年七月、中国と台湾の関係は特殊な国と国の関係で

北京を訪れたクリントン大統領を迎える江沢民．1998 年 6 月（写真提供：ロイター／アフロ）

あるとする、いわゆる「二国論」を発表した。これは、それまで台湾が主張していた「一つの中国、二つの政治実体、二つの政府」という言い方よりさらに踏み込んだ表現であった。李登輝は、中台対話が本格的に始まる前に、中台の対等性を明示しておく必要があると考えたのではないかと推測される。

「二国論」が提示された後、中国は激しい李登輝批判を繰り広げ、二〇〇〇年の台湾総統選挙の直前には、朱鎔基総理が独立志向の強い民進党の陳水扁《ちんすいへん》候補を恫喝する発言を行った。九六年の反省から、武力による威嚇は行わなかったが、結果として選挙では陳水扁が勝利し、初めての民進党政権が誕生することになった。

愛国主義教育の強化

第二次天安門事件が起こって間もなく、鄧小平は、それまでの教育の失敗、とくに一般人民に向けた思想政治教育の失敗が事件を引き起こす大きな原因となったという認識を示した。また江沢民も、民主化運動を売国主義と決め付け、全国の学校で愛国主義教育を強化する指示を出した。

自国の文化や国際的地位、あるいは国力などを大切に思い、それを発展させようとするナショナリズムは、近代以降の中国の指導者たちの本質的な動機となってきた。そして、九〇年代半ばに鄧小平から第三世代の指導者への権限委譲が完了すると、ナショナリズムを国民統合のために利用しようとする傾向が強化された。

九四年八月には「愛国主義教育実施綱要」が党中央から発出され、教育部門だけでなく、愛国主義は社会を挙げて取り組むべき課題とされた。綱要によれば、その目的は民族の自尊心と自信を高めることであり、「現代の中国では愛国主義と社会主義は本質的には一致する」のであって、共産党の指針に従うことが重要であるとされた。

それまでの愛国教育が毛沢東や共産党の英雄たちの精神や武勇を強調する面が強かったのに対し、九〇年代後半から始まった愛国主義教育には、中国が列強から受けた侵略や屈辱を強調し、被害者意識を植えつけるという特徴があった。

ナショナリズムの高まり

九五年、中国では「抗日戦争勝利五〇周年」を記念するキャンペーンが繰り広げられたが、そこには愛国主義教育実施綱要の影響が顕著に表れていた。テレビでは抗日戦争ドラマが連日のように放映されたほか、抗日戦争をテーマとした書籍が次々と出版され、各地の「愛国主義教育基地」(戦争記念碑や犠牲者追悼施設)ではイベントが開催された。中国政府は、キャンペーンは日本を対象としたものではないと日本政府に説明したが、その意図はともかく、結果としては戦争を知らない若い世代の中国人にまで「抗日愛国」精神が浸透することになった。

ナショナリズムは、政権の求心力を高めると同時に、弱腰外交批判にも転じやすい諸刃の剣であるが、共産党の愛国主義教育は、指導者たちの思惑を超え、ある意味では成功しすぎてしまった部分もあるように見受けられる。その背景には、経済成長が中国人の自信を深めていたことがある。またこの頃、対外的には台湾で李登輝政権が「一つの中国」を否定するような政策を打ち出し、九六年三月の台湾海峡危機では米中間の緊張が高まるという事態が起こった。その直後の九六年四月に日米安保共同宣言が発表されると、日本に対する警戒も強まった。『ノーと言える中国(中国可以説不)』が同年に出版されベストセラーとなったのは、象徴的な出来事であったといえよう。

対外経済交流の拡大

九二年の南方談話を契機に改革開放政策が加速されるようになると、対中直接投資は急速に拡大し、中国の高度成長を促した。小売業や不動産業への外資参入が認められるようになったほか、それまでの東部沿海部分に加え、内陸部への投資も奨励されるようになった。輸出入総額は一九九一年から二〇〇一年の一〇年間で、一三五六億三〇〇〇万ドルから五〇九七億六〇〇〇万ドル（三・八倍）に増加した。そのうち輸入総額が国内総生産に占める割合は一五・七％から二一％に、輸出総額の占める割合は一七・七％から二三％に上昇した。外国の直接投資は一万二九七八件から二万六一四〇件（二倍）、額にして一一九億八〇〇〇ドルから六九二億ドル（五・八倍）に増加した。

九〇年代半ば頃、中国では外資導入政策の見直しを推進する動きが見られたが、その後、対中直接投資の低迷が続き、目標としていた八％成長の確保さえ危ぶまれるようになったため、中国政府は再び外資による投資を歓迎する方針に戻った。増大する対中直接投資は、中国に投資資金を供給しただけでなく、生産性の向上を通じて経済成長を高めることにも寄与した。

アメリカによる最恵国待遇付与

八九年の天安門事件以降、人権問題が米中関係において大きくクローズアップされるようになったが、その影響は経済関係にも及んだ。九三年に始まったクリントン政権の下で、中国に最恵国待遇を与えるか否かという貿易問題が人権問題の改善状況とリンクされるようになったからである。当時の中国の経済成長は対外貿易に依存しており、アメリカ市場は中国にとって最大の輸出先であって、最恵国待遇の問題は米中における重大な懸案の一つとなった。

しかし、九四年からアメリカはあっさりと政策を変更し、最恵国待遇と人権問題を切り離すようになる。その背景には、クリントン政権に対するビジネス界からの強い要求があった。米中の経済交流は飛躍的に増大する傾向を見せ、九六年にビジネス・リーダーたちを率いて訪中したブラウン商務長官は、対中関係はアメリカにとって最も重要な二国間関係だと述べた。

経済に関しては、最恵国待遇の問題以外に、対中貿易赤字や知的所有権をめぐる問題でも米中間で摩擦が起こった。中国はとくに人権問題や台湾問題に関するアメリカの態度に強い不満を抱いていた。それにもかかわらず、中国がアメリカへの反発を一定の範囲内に収めていたのは、経済建設を最優先し、そのための平和な国際環境を維持するという方針を継続していたからである。また、中国への最恵国待遇付与に関し、アメリカのビジネス界が一定の役割を果たしたことにも表れているように、経済の相互依存が進んだことによって、新たな摩擦も生じるようになった反面、両国関係を協力のベクトルに向かわせる圧力も同時に強まった。

新安全保障観の提唱

冷戦の終結によって、日本の政策担当者らは日米同盟の意味を再検討・再構築する必要に迫られた。また、九三年から九四年に起こった北朝鮮の核危機は、日本の安全保障政策担当者らに、有事に対応する上での日本の法的不備を痛感させることになった。日米は同盟の存在意義の重点を東アジア地域秩序の安定に置くことに合意し、九六年に日米安保共同宣言を発表、そしてその翌年には「日米防衛協力のための指針（ガイドライン）」を見直した。日本では、それに続いて周辺事態法が制定された。

このような日本の安全保障政策の整備強化に中国は警戒心を抱いたが、とくに問題視したのが「周辺事態」の範囲であった。先述のように、九〇年代半ばには台湾海峡危機が発生したが、それと時期を同じくして進められた日米同盟の強化は、中国の目には「中国包囲網」の形成だと映った。

南シナ海では、九五年二月、フィリピンが実効支配していたミスチーフ礁に中国が建造物を建てていたことが発覚し、翌月にASEANの外相が連名で抗議する事態が発生した。再び孤立するリスクに直面した中国は、ロシアとの交流を突破口として、九六年よりいわゆる新安全保障観を提唱しはじめ、それを理念的な基礎として多角的で地域主義的な外交政策に乗り出した。すなわち、国家間の紛争を武力ではなく対話によって解決する協調的安全保障の考え方に基づき、ロシアおよび中央アジア諸国と上海ファイブを結成する一方（二〇〇一年に上海協力機構に発展）、東アジアの安全保障対話の場として九四年に設立されたASEAN地域フォーラム（ARF）において積極姿勢に転じた。

江沢民訪日

だが、日本との関係改善は一筋縄ではいかなかった。九八年一一月、江沢民はロシアに続いて日本を訪れた。中華人民共和国元首の訪日は初めてのことであった。だが、来日した江沢民の言動は多くの日本人の失望と反発を招いた。「日本の軍国主義の清算はまだ徹底していない」「日本に対しては台湾問題を徹底的に語り、歴史問題を常に強調せねばならない」(九八年八月の在外使節会議での発言)との理解と信念の下、東京でのあらゆる機会をとらえて歴史認識についての対日批判を展開したからである。日本政府が日中共同宣言に「謝罪」の文言を入れることを拒み、小渕恵三首相が首脳会談において口頭でお詫びを伝えたことへの不満も江沢民にはあった。日本政府にすれば、江沢民の直前に来日した金大中《キムデジュン》大統領の韓国の場合とは異なり、中国との間では「お詫びの問題」はすでに解決ずみの問題であった。

他方、江沢民来日の具体的な成果は内容豊富であった。日中共同声明と平和友好条約に続く日中間の第三の重要文書として日中共同宣言が発せられ、「平和と発展の友好協力パートナーシップ」を構築して地域と世界にともに貢献することがうたわれた。そして、協力強化に関する共同プレス発表において、年一回の指導者の相互訪問や政府間ホットラインの敷設など二国間の事項のみならず、朝鮮半島問題や多角的貿易体制、東アジア経済問題などの国際分野において協力することが合意された。

アジア金融危機への対応(後述)では世界の賞賛を浴び、またアメリカとの首脳交流に成功して自信を深めたことが江沢民の強硬な対日姿勢を支えていた。しかし、九九年に米中関係は暗転した。まず、人権は国権の上位にあるとする新戦略概念の下、NATOがコソボ空爆に踏み切ったことに対し、中国は猛反発した。それに続き、四月に朱鎔基総理が訪米して臨んだWTO加盟交渉は失敗した。そればかりか、アメリカが中国の大胆な譲歩案をインターネット上に公開したために朱鎔基は国内の強い批判を浴びた。そして五月、ベオグラードの在ユーゴスラビア中国大使館が米軍機に爆撃されるにおよんで、中国は米中関係の安定性に見切りをつけた。その後は、対米関係が悪化した時でも自国の活動空間がなくならないよう、「仲間の輪」を近隣諸国と構築することに本格的に力を注ぎ始めた。

米中関係の暗転

爆撃を受け破壊されたベオグラードの中国大使館(写真提供:読売新聞社)

地域協力を推進する文脈で対日関係を重視する姿勢が表れ、九九年一一月には、ASEAN+3に合わせて日中韓三国の首脳会談を開くことに中国は初めて合意した。二〇〇〇年九月、江沢民は国連で森喜朗首相と会談した際、アジアの振興は日中両国の友好と協力を抜きにして語れないと述べ、翌月来日した朱鎔基は、地域経済協力を日中協力の重点分野の一つに挙げて、東アジア協力の枠組みの下で日本との協調を強化することを望むと明言した。しかし、その意図は必ずしも日本側に十分理解されなかった。長期化する経済の低迷によって日本人の多くは内向きの心理状況に陥っていた。それに加え、中国からの輸入急増に苦しむ一部の産業や農家などから悲鳴が上がり始めていた。〇一年、日本は生シイタケ、ネギ、畳表用イグサを対象とする暫定セーフガード(緊急輸入制限)を発動した。それに対し、中国は報復措置として日本製の自動車、エアコン、携帯電話に高関税をかけたため、日本のメーカーは大きな打撃を被った。

3　静かなる革命——脱社会主義の選択

社会主義と市場化の矛盾

鄧小平が南方談話を発し、改革開放政策が再び軌道に乗った後も、社会主義とは何かという根本問題について論争が終わったわけではなかった。南方談話では、社会主義の本質は生産力を解放し、発展させ、搾取と両極分解をなくし、最終的には人々が共に豊かになることだとされた。そして鄧は、ある政策が社会主義か資本主義かの判断は、それが社会主義社会の生産力の発展に有利かどうか、社会主義国家の総合国力の増強に有利かどうか、人々の生活水準の向上に有利かどうかを主たる基準とすべきだとした（「三つの有利」論）。社会主義をめぐるこのような鄧小平理論について、党内左派は当然納得するはずがなかった。しかし鄧小平自身も、決して社会主義の基本経済制度である生産手段の公有制を崩す措置を認めたわけではなく、社会主義の基本政治制度の根幹である党の独裁的な領導を放棄するつもりもなかった。それゆえ、鄧小平理論は、社会主義制度と市場化との矛盾を内包していたと言えよう。

企業内党組織の役割をめぐって

改革の始動以来、企業内党組織の役割をめぐって二つの主張が対立してきた。一つは、近代的な企業経営のために業務上の権限を工場長あるいは総経理に集中させ、企業における党組織の役割を思想・政治教育と企業経営の保証・監督に制限すべきという効率重視の主張である。企業経営の保証・監督とは、経営施策が党の政策を逸脱せぬよう見張っていることを意味する。それに対し、国有企業は政治的な存在でもあり、いわば党の独裁を支える主要陣地であるから、そこにおける基層党組織の影響力を維持すべきという、党の領導の堅持を重視する主張もあった。

九二年の南方談話以降、政策決定の振り子が再び経済重視に振れてから、成長重視論者もマクロ経済均衡論者も、企業内党組織の役割を限定すべきという点では意見が一致した。朱鎔基のイニシアティブで九三年末に決定された経済体制改革の青写真には、近代的な企業制度の樹立と企業の公司化（会社化）の方向が示された。そしてそれとほぼ同時期に制定された公司法は、株主総会と董事会《とうじかい》（取締役会）、それに監事会（監査役会）が公司の権力を保有すると規定した。

最も重要な党の組織原則の一つである「党が（あらゆる）幹部を管理する」という原則によれば、企業の経営者についても党組織が任免を決定しなければならないはずである。ところが、公司法は近代的な企業経営の組織原則に則り、経営者は董事会が決めると規定した。ここに至って社会主義と市場経済は正面衝突した。九四年に入ると、企業内党組織の役割を保証・監督に限定せよ、あるいは党組織そのものを撤廃せよという論調も現れた。

中共中央の通知

現場の企業においては、公司法のいう「新三会」（株主総会、董事会、監事会）と、党委員会、工会（労働組合）、職工代表大会という「老三会」との関係が規定上不明瞭だったことにより、新たな紛糾の種がもたらされた。九三年に公表された遼寧省党委員会組織部の調査結果によると、同省の国有企業のうち、党組織と経営陣がうまく協調している企業の比率が約一五％、大きな矛盾はないがそれぞれが独立に活動をしている企業が約五〇％、双方が相争い、甚だしきに至っては足を引っ張り合う企業の割合が約二五％もあった。

他の地域でも似たり寄ったりの状況にあるといわれたが、総じていえば、市場化が進展するにつれて、市場経済を勝ち抜くことのできる経営体制の樹立が現場においては優先されるようになっていった。

しかし、そのような動きに対し、九七年一月、「国有企業の党の建設活動をさらに強化し改善することに関する中共中央の通知」が発布された。その主旨は、国有企業に対する党の領導を堅持し、国有企業党組織の役割を強化することにほかならず、市場経済化の推進に努める官産学関係者は趨勢の逆転に当惑した。

この通知の起草機関であり、その策定にあたって大きな役割を果たしたのは中央組織部であった。経営者の好し悪しが国有企業の成敗を決めるという共通認識が生まれていた一方で、中央組織部は工場長や総経理の無策、あるいは背任行為が深刻化している実態を取り上げ、党組織による人事管理の強化と経営参加が重要だと訴えた。

領導か、経営か

以上から、市場経済化の重要要素としての近代的な企業制度の樹立をめぐり、党の領導を維持するという政治原則と、効率的な経営を実現するという経済原則が衝突していた状況が見て取れる。この事態への対応は、地方や企業によって異なった。

例えば、市場化が進んでいた寧波《ニンポー》市では「通知」と公司法が対立した場合、後者を重視するという結論を出した。ただし、現実には寧波市でも、党委員会の役割の拡大に努める企業もあれば、党組織がトップに立って企業を管理しなければならないと主張する人々もいた。逆に、「通知」発布後、半年あまりを経た時点で行われた実地調査に基づく中央組織部の評価では、「通知」の執行過程で企業内党組織の政治核心地位は強化されたといえるものの、地方や企業によっては否定的ないしは消極的な態度を取るところもあり、認識を統一することは非常に困難だと認めていた。

鄧小平の死去

九七年七月、タイ・バーツの暴落に端を発するアジア通貨・経済危機（以下、アジア金融危機）が起こった。中国は、権力の継承と体制改革の行き詰まり、そして成長の減速という難しい政治経済状況にあるなかで、危機に対応しなければならなかった。「改革開放の総設計師」である鄧小平が世を去ったのは、アジア金融危機の発生に先立つこと数カ月の、九七年二月一九日のことであった。それは、同年九月に開かれることとなる第一五回党大会に向けて、政策や人事に関する様々な思惑が錯綜していた時期でもあった。鄧小平は、その最晩年において直接的に政治に参画していたわけではないし、後継者たる江沢民への権力移譲は長い年月と段階を経て、結果的に概ねスムーズに行われた。しかし、鄧小平の死は、共産党の権力の正統性を体現していた革命世代指導者の退場を象徴する出来事であり、やはり時代を画する事件だったといえる。共産党にとって、政権に対する大衆の支持を保つための経済発展の重要性は、低下するどころか一層増大することとなったのである。

ところがこの時期は、過去数年にわたり未曽有の高度成長を遂げた経済の発展ぶりに黄信号が灯った頃でもあった。朱鎔基のイニシアティブにより、九二年以降に過熱化した経済の引き締めには成功したものの、景気の冷え込みをもたらした。なかでも、改革に行き詰まっていた国有企業全般の業績は低下の一途をたどった。朱鎔基は国有企業における人員整理の断行を認め、失業者と一時帰休者の数は年々増加した。アジア金融危機が発生したのは、中国内で財政金融の引き締め継続か緩和かをめぐり政策論争が起きていたときであった。

人民元切り下げの要求

他のアジア諸国に比べると、香港を除き中国経済がアジア金融危機から受けた損害はそれほど大きくなく、主として輸出の漸次減少という、ボディブローのようなダメージにとどまった。しかし、人民元為替レートの調整の是非は、国際的な関心の焦点となり、また中国国内でも熱い争点となった。

金融危機によって、アジア地域諸国の国内需要は減退し、また人民元はそれらの国々の通貨に対して割高となった。その結果、国際市場における中国製品の競争力が下がり、何より金融危機に直面した国々への輸出に大きな影響が出た。とくに東アジア地域とのつながりが強い一部の地方や部門が受けたダメージは大きく、例えば広東省では九八年第1四半期に対韓国輸出が七八％減少し、対東南アジア輸出は二五％のマイナスとなった。全国規模でいえば、九八年の初めには同年の輸出の伸び率は一〇％と予測されていたが、現実には輸出は次第に失速し、かろうじて〇・五％の微増を保ったというような状況であった。

中国の輸出依存度（輸出総額÷国内総生産）は、九四年以降は二割前後で推移するようになっており、輸出の減退は経済全体にとっても重要な問題であった。また、九〇年代半ばからの景気後退の局面において輸出拡大は経済成長の一層重要な要因となり、九七年における純輸出の経済成長への寄与率は前年の五・一％から一七・〇％へと上昇していた。中国政府は輸出工業品の輸出に対する増値税（付加価値税）の還付率を引き上げたが、少なからぬ企業が、それだけでは不十分だとして、人民元レートの大幅な引き下げを要求した。また、中国政府は人民元を永遠に下げないと公約したのではなく、当時の歯止めのない円安を前提とすれば、元の為替レートの下方修正を考慮せざるをえないとする論調も現れた。

為替レートの維持

しかし、中国の指導者たちは一貫して、人民元の切り下げや元安への誘導をしないと言明し、実際その通りにした。この政策決定の要因としては、まず経済的な実状や制度からして、その必要性が比較的乏しかったことが挙げられる。第一に、中国は貿易収支の大幅黒字を維持していた。輸出は確かに停滞したが、輸入も減少したため、貿易黒字額は九七年の四〇三・四億ドルから九八年の四三五・九億ドルへと約八％の伸び率を記録した。外貨準備高は、九八年末の時点で一四四九・六億ドルに達した。第二に、中国は短期資金の導入に慎重であり、その対外債務残高に占める割合は低かった。そして第三に、中国では依然として資本取引が厳しくコントロールされており、資金が急激に海外流出することはありえなかった。

また、たとえ人民元を下げたとしても、その予測される効果についてはいくつもの問題点が指摘された。第一に、九八年半ばで一三八〇億ドルに達した対外債務の元本返済のリスクが高まること、第二に輸入インフレを招く恐れがあること、第三に他の東アジアの国々の例に見られたように、通貨切り下げは輸出拡大に必ずしも役立つと限らないこと、第四にアジアの通貨切り下げ競争を引き起こす可能性があること、そして第五に香港ドルの対米ドルペッグ制の維持を難しくすることなどが表向き主張された。

輸出企業からの強い要求や一部の研究者の主張を退け、政策決定者らは人民元為替レートを維持し続けた。九八年度、目標としていた八％成長は達成できなかったが、七・八％を記録した中国経済のパフォーマンスは大いに評価すべきものであった。

人民元の切り下げを行わなかった中国は、その理由が何であれ、全世界から評価された。九八年二月、ダボスの世界経済フォーラムに出席した李嵐清《りらんせい》副総理は、他国の通貨切り下げが中国の輸出競争力を圧迫しているものの、中国は人民元を切り下げることはなく、そのことがアジアの諸通貨の安定に積極的な役割を果たすと強調した。またアジア欧州会合(ASEM)出席のため四月にロンドンを訪問した朱鎔基は、人民元を維持することで悪影響が中国に生じているものの、東南アジアの国々のためにわが身を犠牲にして困難を引き受けると大見得を切って喝采を浴びた。世界の注目が中国の動向に集まったまさにその時、地域の安定と発展のために自己犠牲を払う「責任ある大国」のイメージを効果的にアピールしたのである。

円安への批判

同時に、中国のメディアは日本円の下落とそれに対する日本政府の対応を批判した。日本政府は大国の責任を担おうとせず、他国の不利益を顧みないで意図的に円安を放置しているという内容であったが、中国でも金融や経済の専門家は決してそのような見方をしていなかった。しかし、人民元の維持と日本円の下落を対照させるような報道が、クリントン訪中を控えた九八年六月以降に始まったのは興味深い符合であった。

当時、米中関係の改善は、中国の内政にとっても重要な意味を持っていた。第一五回党大会で党総書記に再選された江沢民にとって、自身の訪米とクリントンの訪中は、自らの威信を誇示する恰好の舞台であり、日本に対する批判はそのための小道具の役割を果たしたといえよう。

潜在的金融危機という内実

実際には、アジア金融危機が中国の政策当局に与えた衝撃は大きかった。政策当局が最も恐れたのは、輸出や外資導入に対する悪影響ではなく、中国経済が抱える金融機関の不良債権問題が表面化することによって、東南アジア諸国と同様の金融危機が引き起こされるリスクであった。

金融領域の危険に備えよとの警告は、実はアジア金融危機が起こる一年前に発せられていた。九六年八月、江沢民が主宰した中央財経領導小組の会合、さらに翌九七年一一月の全国金融工作会議では、金融危機の防止とその危険の解消が議論された。

最も問題視されたのは、金融機関が大量に抱える不良債権であった。中央政策研究室経済組のメンバーによれば、国有四大商業銀行(中国工商銀行、中国農業銀行、中国銀行、中国建設銀行)の不良債権率は、九六年末に二四・四%であったのが九七年六月末には二九・二%に上昇した。ノンバンクについていえば、九六年末の時点でその総資産に占める不良資産の比率は約五〇%を占めていた。第二の問題として、不法に金融機構を設立したり、金融機構ではないものが勝手に金融業務を行ったりするケースがあった。現在、シャドーバンキングと呼ばれているものである。第三に、株式市場で過度の投機とバブル現象が見られた。そして第四に、金融機構の経営管理人員に対する監督が不足しており、規則違反や金融犯罪が多発していた。

このように大きな金融不安が存在する状況下で、当局が人民元レートの下方修正に踏み切れば、国内外の人々の中国経済と人民元に対する信頼が揺らぐことが懸念された。その結果、最悪の場合には取り付け騒ぎが起きて金融秩序が崩壊する危険もあると、国務院の幹部たちには認識されていた。これこそ、当局が人民元レートを維持した最大の要因だった可能性がある。

また、経常取引と資本取引がともに黒字であるにもかかわらず、外貨準備高がさほど増えないという現象も出現した。その要因としては、合法的な外貨保留が一部企業に認められ、居住者個人の外貨使用限度額も引き上げられたこと、加えて、アジアの一部の国から中国に対する輸入代金の支払いが滞ったことなどが挙げられた。さらには、人民元切り下げの憶測に起因する不法な外貨の保有や購入が過熱したことにより、外貨準備の大幅な流出が生じたことも影響した。

香港返還と香港ドルをめぐる攻防

九七年七月一日、アジア金融危機が起こるのとほぼ同時に、香港の主権がイギリスより返還された。中国当局は、それを愛国主義高揚の機会ととらえ、一説には総額四〇〇億元ともいわれる巨費を投じて祝賀ムードを盛り上げ、民族の自負心を掻き立てた。その涙ぐましいほどの努力を象徴していたのが、七月一日午前零時をはさんで行われた政権引き継ぎの式典において、掲揚された五星紅旗を室内にもかかわらず翩翻《へんぽん》と翻らせたことである。種明かしをすると、上部に小さな穴をあけた空洞の旗竿に、下からコンプレッサーで空気を吹き上げたのであった。

ところが、同年一〇月より、香港ドルはヘッジファンドによる激しい投機攻撃に晒され、香港の金融管理局は必死の香港ドル買い介入と高金利誘導政策を展開した。そのせいで香港市場の株式指数は二三％も急落したが、米ドルとのペッグ制は維持された。中国は、金融の開放が遅れていたことが幸いし、アジア金融危機の直撃はまぬがれたものの、自国の一部となった香港にまで及んだ連鎖反応的な通貨金融危機の脅威に慄然とした。中国の指導者たちが、経済安全保障を新しい安全保障概念として受け入れたのは同年末のことである。一二月に、初のＡＳＥＡＮ

香港返還記念式典で掲揚される中国国旗．1997 年 7 月（写真提供：ロイター／アフロ）

＋3首脳会議と同時に開かれたASEAN成立三〇周年祝賀大会で、銭其琛《せんきしん》副総理は、金融危機によって経済安全保障が安定と発展の重要構成要素であることが明らかになったとして、地域と世界との金融協力を強化し、国際投機資本の攻撃を共同して防御しなければならないと語った。つまり、先述した協調安全保障に加え、総合安全保障の考え方が新安全保障観の一つの要素となることによって、中国の地域主義政策はさらに推進されることとなったのである。

金融改革と内需拡大政策

アジア金融危機が発生する前から中国経済は景気後退の局面に差し掛かっており、それにどう対処すべきかで激しい政策論争が行われていた。第一の論点は、物価の安定と景気の刺激のどちらを優先するかという問題である。そして第二の論点は、さらなる制度改革の是非とそのタイミングであった。ミクロ改革を重視する厲以寧《れいいねい》教授らが、一部の人だけが被害をうける失業はインフレ以上に社会矛盾を激化させるとして、財政出動や金融緩和による景気刺激策を主張したのに対し、マクロ的なバランスを重視する呉《ご》敬璉《けいれん》教授らは、インフレが昂進すれば一般庶民は大きな打撃を受けると反論した。朱鎔基は後者の主張を支持していたが、アジア金融危機に直面したことにより、政策転換が図られていったのである。

金融危機の発生によって、財政金融の引き締め継続か緩和かをめぐる論争に決着がつき、中国政府は積極的な内需拡大政策に乗り出した。九八年一月一日より国有商業銀行に対する貸出総量規制が撤廃され、資産負債比率による管理への移行が進められた。ただ、それがかえって貸し渋りの原因にもなると分かると、その対策の一環として商業銀行の預金準備率を引き下げるなどの方策が取られた。

党組織の強化

また、経済政策決定の主導権を握る指導者たちは、アジア金融危機のインパクトに危機感を募らせつつも、逆に危機を利用し、経済的には制度改革を進め、政治的には党中央のグリップを強めるという巧妙な対応をとった。注目すべき点の一つは、改革を通した金融の健全化という課題が、国家安全保障の重要部分としての経済安全保障と結びつけられるようになったことである。そして二つには、次に述べるように、中国の市場経済を支える必要不可欠な装置としての党組織の強化が図られたことであった。

朱鎔基を首班とする新政府は、九八年三月に発足すると同時に、癒着していた政府と企業の分離を主たる目的として政府機構改革を進めた。計画経済の時代から企業を直接管理してきた生産・流通担当省庁の多くを統廃合し、国務院の職員を約半分も削減した。金融分野では、七大軍区の設置と同じ発想に基づき、人民銀行の省級分行(支店)を撤廃して数省にまたがる分行を九つ新設した。つまり、地方権力の管轄地域との一致を避けることによって、地方政府の干渉を排除しようとしたのである。さらに、人事権を梃子として金融秩序を回復するため、中央金融工作委員会と、そこから地方を経て末端まで伸びる金融機構系統党委員会の領導―被領導の連鎖を樹立し、党が金融部門の縦割りの人事管理を貫徹する制度が整備された。

金融秩序を回復させる手段として、なぜ法律ではなく党組織が強化されたのか。その背景には、市場経済化の進展に伴って金融の規模と役割が拡大した一方、中国の経済制度と法制度が依然として未成熟であるという事情があった。財政金融家型中央主義者は、マクロコントロールを有効に実施する仕組みの整備を図ったが、それらは往々にして地方政府の干渉や監督制度の不備により十分に機能しなかった。他方、地方や基層の規律を正す上で有効な梃子となる人事権は、社会主義の組織原則に基づいて党が一手に掌握していた。それゆえ、中央統制と経済規律を早急に強化するためには、党組織を活用することに勝る手段はなかった。それはある意味で、社会主義と市場経済の矛盾を現代中国的に止揚するやり方だったといえよう。

実質的な公有制の放棄へ

社会主義と市場経済の軋轢が表面化した領域の一つは、所有制をめぐる問題であった。九〇年代には、国有企業の経済に占める比率は著しく下がっていった。

例えば、九七年に国有工業企業が工業企業全体に占めた割合は、工業生産額では二五・五%、従業員数では二七・八%に過ぎなかった。そのような状況に対し、一方では、国有企業の比重低下が社会主義経済の基礎を脅かし、党の領導と中央政府の権威を弱めるとして危機感を抱く政治重視論者がいた。さらに他方では、効率化のために、国家はインフラや公益部門および国民経済の支柱産業を除いた、一般の競争性産業を所有するべきではないと主張する経済重視論者がいた。イデオロギー上および政治上は前者に道理があり、経済上は後者が正しい。ここに社会主義市場経済の矛盾が先鋭に現れていた。政権を担う主流派たる中間派は、どっちつかずの態度を取るほかなかった。

九七年の第一五回党大会では、いわゆる鄧小平理論が正統教義と認定され、社会主義についての理解は以前にもまして一層柔軟なものになった。しかし、公有制という社会主義の基本経済制度の維持という原則は依然として放棄されなかった。社会主義は初級段階にあるという判断から私有制の発展も認めるが、あくまでも公有制が主体でなければならない。そして公有制が主体であるという意味は、国有企業が国民経済の命運を握り、経済発展を主導するという質的な側面ばかりでなく、公有資産が社会総資産の中で優勢を占めるべきという量的な側面をも含むと論じられた。その限りにおいて、公有制の実現形式の一つとしての株式制が認められ、売却を含む国有小型企業活性策が打ち出されたのである。

しかし、公有資産の量的な優勢という大枠の内ながら、中央が「三つの有利」論に合致する所有形態を認めたことにより、地方では国有小型企業の売却に拍車がかかった。実際には、国有小型企業の売却は、九〇年代初めから、山東省や四川省などで県級地方の財政や経済の困難を解決する手段として進められていた。それが第一五回党大会後に大規模に進められた背景には、財政金融家型中央主義が功を奏してインフレが収束したものの、薬が効きすぎて景気が停滞し、国有企業の経営不振が一層募るという事情があった。

国有小型企業の売却

一例を挙げれば、河南省は九八年の第1四半期に、過去十数年にはなかったほどの厳しい経済情勢に陥り、各種所有形態を合わせた全省工業企業の総合損益が赤字になった。切羽詰まった事態に直面した同省は、国有大中型企業の混合所有制化を進め、競争性産業に属する国有小型企業を売却するという基本方針を決定した。

また、遼寧省海城《かいじょう》市は、株式制の実施にあたり、多くの株式を経営陣の手に集中させることによって、経営者の権限と責任とインセンティブを高める方式を実践した。それに対し、海城市のやり方は私物化であり、国有資産の流出だとする批判が浴びせられると、遼寧省当局は「三つの有利」論をより具体化させた、いわば地方版の「三つの有利」論で反駁した。すなわち、地域経済の発展に有利であるか否か、財政収入の増加に有利であるか否か、そして就業機会の増加に有利であるか否か、この三つの基準により政策の妥当性は判断されるべきだと喝破したのである。

三種の要求　ところが九八年七月、国家経済貿易委員会は地方における国有小型企業売却熱の高まりを制止する通知を発した。これは、無闇な売却に伴うリストラにより失業者が増えて社会の安定に影響を及ぼしているのみならず、国有資産が低価格で、甚だしきは無償で個人に分配されたり、売却が債務逃れの口実となったりしている状況を批判したものであった。朱鎔基総理も、一部の地方が国有小型企業を売却するという名目で実際にはただで渡してしまったり、銀行に対する債務を帳消しにしたりして、国有資産を大量に流出させるやり方は断固制止しなければならないと強調した。

以上から見て取れるのは、所有制改革をめぐっては「三種の要求」が存在したということである。第一に、市場経済における資産の効率的配置を実現し、また地方の財政難や経済困難を打開しようとする経済上の要求である。第二は、公有制という基本制度を維持することにより、社会主義と党の領導を守ろうとする思想上、政治上の要求であり、そして第三は、国有企業の所有権移転に伴う不正を糺そうとする規律上の要求であった。これら三種の要求により、社会主義市場経済における党の地位は微妙なものとならざるをえなかった。

公有制に関しては、実態の変化をふまえ、九九年九月の第一五期四中全会において重要な展開がみられた。国民経済の命運を握るという国有企業の質的な優位のみが語られ、ついに量的な優位が放棄されたのである。また、私有化につながるとして政治重視論者に批判されていた株式制については、「株式制と混合所有制経済を大いに力を入れて発展させる」と公式文書に初めて明記された。「公有制を主体とする所有制」という看板は掛け替えられていないが、その内容には革命的な変更が加えられた。

階級政党から国民政党へ

二〇〇一年、中国共産党史において特筆すべき出来事が起きた。同年七月一日の中国共産党創立八〇周年記念講話において、江沢民は私営企業主、すなわち資本家の共産党への入党を実質的に容認したのである。言うまでもなく、元来、共産党は労働者階級の前衛であり、資本家は階級敵にほかならない。それを入党させるという思い切った決定には、党内の抵抗も強かった。しかし反対の声は抑えつけられ、〇二年の第一六回党大会では党規約が書き換えられて、中国共産党は労働者階級の前衛であると同時に、中国人民と中華民族の前衛だと規定された。

その理論的根拠となったのは、二〇〇〇年二月に江沢民が自身の「重要思想」として提示した「三つの代表」論であった。これは、共産党が「先進的な生産力の発展の要求、先進的な文化の前進の方向、最も広範な人民の根本的利益」の三つを代表しなければならないという主張である。最大のポイントは、公有制放棄と実質的な私有化の進展の結果、必然的に新興社会勢力として台頭しつつあった私営企業主が「広範な人民」に含まれるところにあった。これによって、共産党は実質的に階級政党から国民政党への転換に踏み出した。それを正当化したのは、党の社会的基盤を強化し、中華民族の偉大な復興のために、すべてのプラス要因を掘り起こすという議論である。中国共産党は、もはや社会主義ではなく、開発主義とナショナリズムに拠って立つ政党であることが明らかに示された。

第4章　中核なき中央指導部

二〇〇二―二〇一二

最高実力者は誰なのか？　手前から，胡錦濤，江沢民，温家宝．2008年(写真提供：ロイター／アフロ)

1　科学的発展観の提唱

胡錦濤政権の誕生と「二つの中央」

二〇〇二年一一月の第一六回党大会の前には、それまで総書記、国家主席、そして中央軍事委員会主席という党、国家、軍の最高ポストを独占していた江沢民の去就が注目の的となった。果たして、一〇年前の党大会で鄧小平により後継者の地位に据えられた胡錦濤への権力移行がスムーズに行われるのか、人事をめぐって様々な憶測が飛び交った。

一方には、徐々に進む政治の制度化に着目し、江沢民は総書記と合わせて中央軍事委員会主席からも降りるに違いないとする専門家たちがいた。もし胡錦濤が党のトップである総書記に就任したにもかかわらず中央軍事委員会副主席に留まるならば、「党が鉄砲(軍)を指揮する」という中国共産党の重要原則にもとる事態が生じるので、それはありえない、とする制度論に基づく考え方をとったのである。他方、権力闘争を重視する立場に立つ人々の間では、江沢民は権力に執着しており、どのポストも譲らないのではないかという見方があった。また、総書記と国務院総理が同じ人脈の系統から出たことは過去になかったため、ともに甘粛省でキャリアを積み、江沢民を中心とする上海閥に対して一部で「西北閥」と呼ばれていた胡錦濤と温家《おんか》宝《ほう》のペアが誕生することはありえない、とする中国の研究者もいた。

結果的に、江沢民は総書記の座からは降りたものの、中央軍事委員会主席の座に留まった。江が引き上げた軍人高級幹部の多くが彼の留任を求めたが、その口火を切ったのは、総政治部主任に引き立てられた徐才厚《じょさいこう》であった。徐によれば、江の留任は「党の重大な政治選択、全党全軍全人民の願い、党の事業の隆盛発展及び国家の長治久安と軍隊建設推進の政治的保証」であった。江の伝記によれば、江沢民自身も、「押さえがきく人物が必要」であり、要するに「留任して胡錦濤を助けるのだ」と自ら説明したこともあった。さらに、党大会後、すべての重大問題について江の意見を求めることが中央委員会の文書として党の主要機関の高級幹部に伝えられたほか、少なくとも二年以内は、難問に行き当たるか政治局内部で論争が発生した場合、江の意見を聞き、その裁定に従うことが政治局で合意された。

江沢民と胡錦濤(写真提供：ロイター／アフロ)

他のポストについては、党大会直後の中央委員会総会および〇三年春の全人代で正式決定された、党および国家機関の指導

党政指導者ラインアップ(2003年3月時点)

政治局常務委員会

〇胡錦濤(総書記，国家主席，中央軍事委員会副主席)
●呉邦国(全人代常務委員長)
〇温家宝(国務院総理)
●賈慶林(政協主席)
●曽慶紅(国家副主席)
●黄菊(国務院副総理)
△呉官正(中央規律検査委員会書記)
●李長春(中央精神文明建設指導委員会主任)
△羅幹(中央政法委員会書記)

中央軍事委員会

主席：●江沢民
副主席：〇胡錦濤，●郭伯雄，曹剛川
委員：●徐才厚，梁光烈，廖錫龍，李継耐

国家主席，副主席

国家主席：〇胡錦濤
国家副主席：●曽慶紅

全国人民代表大会

常務委員長：●呉邦国
筆頭常務副委員長：〇王兆国(政治局委員，総工会主席)

国務院

総理：〇温家宝
副総理：●黄菊，呉儀，●曽培炎，回良玉
国務委員：●周永康，曹剛川，●唐家璇，●華建敏(秘書長兼任)，●陳至立

〇は胡錦濤系，●は江沢民系，△は中立系あるいは別系統，無印は不明

者選定において、かなりはっきりした「派閥均衡人事」が行われることとなった。表から見て取れるように、江沢民系と胡錦濤系の指導者が、バランスよく配置されたのである。例えば、総書記と総理は胡錦濤と温家宝が占めたが、その他の政治局常務委員には多くの江沢民系の人物が就任した。また、国家主席と副主席、あるいは全国人民代表大会常務委員長と筆頭常務副委員長、そして国務院総理と筆頭副総理など、一つの機関の正副リーダーの地位に異なる人脈に属する者が配置された。

二つの中央

第一六回党大会でもう一つ重要だったのは、江沢民という個人名は冠として付けられなかったものの、江が唱えた「「三つの代表」重要思想」がマルクス・レーニン主義、毛沢東思想および鄧小平理論と並んで党の行動指針とされたことである。そして江を主要な代表とする中国共産党人によってこの重要思想が形成されたと党規約の中に明示されたのだが、ある指導者の存命中にこのような思想的権威の確立が実現するのは毛沢東以来のことであった。

胡錦濤、温家宝政権は、実に微妙な党内の勢力バランスの上に成立した政権であった。長く中央指導部にいた李鵬や李瑞環《りずいかん》、そして朱鎔基も引退したものの、江沢民の影響力は強く残った。時を遡れば、鄧小平は第二次天安門事件の後、江沢民を「第三世代領導集団の中核（中国語では「核心」」と呼び、他の指導者に対して江の権威を尊重することを言い渡した。鄧はその際、「どの領導集団にも必ず中核がいなければならない」と唱えたが、それは、総書記の趙紫陽と中央軍事委員会主席の自分が対立したことが当時の危機を招いた一因だった、という反省に基づいていたと思われる。鄧小平は、第一三回党大会で中央軍事委員会主席の座も譲って完全引退すればよかったとずっと考えてきた、と第二次天安門事件後に語っている。

ところが、いわばその恩恵を被った江沢民は鄧小平の遺訓を顧みることなく、胡錦濤を中核と呼ばせなかった。胡錦濤政権は、「胡錦濤同志を中核とする党中央」ではなく、「胡錦濤同志を総書記とする党中央」という奇妙な呼称しか与えられなかった。かくして、江沢民と胡錦濤をそれぞれ中心とする「二つの中央」が存在する、と揶揄された事態が出現することとなったのである。

SARSの発生

まさに〇三年春に新しい国家指導者が全人代で選ばれ、胡錦濤政権が名実ともに成立した直後、中国社会を揺るがす大事件が起きた。SARS（重症急性呼吸器症候群）の大流行である。最初の患者は〇二年一一月に広東省で発病したと見られているが、翌〇三年二月、衛生部（日本の厚生労働省に相当）は世界保健機関（WHO）に対し、患者数三〇五人、うち死亡五人と報告した。ところが、治療薬がないうちにSARSは国内外に急速に広まり、WHOは四月二日、香港と広東省への渡航延期を勧告した。

　これに対し、張文康《ちょうぶんこう》衛生部長は翌日、SARSは既に抑制され、中国は安全だと記者会見で訴えた。すると、北京の人民解放軍三〇一医院の蔣彦永《しょうげんえい》医師は、実際の感染者数が衛生部長の話より多いことを外国メディアに告発した。当初、WHOの現地調査は許可されず、許可された時も患者を移動するなど、実態を隠蔽しようとする当局の対応に内外の不満が募った。だが、胡錦濤と温家宝は情報開示を支持し、感染防止に陣頭指揮をとる姿勢を示した。それに対し、江沢民自身を含め、江沢民系の指導者たちは当初、一向に人々の前に姿を見せなかった。

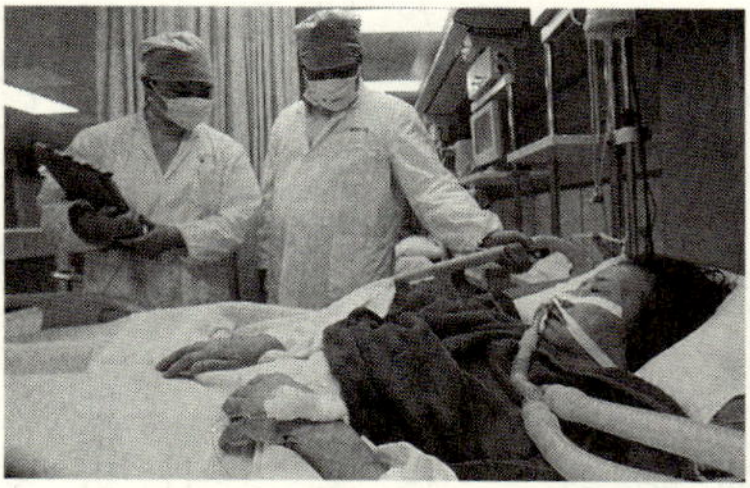
SARSに感染し治療を受ける患者(写真提供：ロイター／アフロ)

　SARSとの戦いに本格的に乗り出すに当たり、四月下旬、情報開示の遅れの責任を取らされて張文康と北京市長の孟学農《もうがくのう》が実質的に解任された。張は、かつて江沢民のかかり付けの医師であった。他方、孟は同年一月の市長就任時に、自分はかつて共産主義青年団(共青団)第一書記だった胡錦濤の直接の指揮下にあり、胡の公正で篤実な姿に深い印象を受けた、と述べた人物である。両者の解任はつまりは痛み分けで、バランス人事が徹底していたことを象徴するような出来事であった。

胡錦濤と温家宝は都市の社区居民委員会や農村の村民委員会といった住民組織を動員して対応し、六月二四日、WHOは中国での感染が峠を越えたと発表した。それまでの間に中国での死者は三四九人、世界では八〇〇人に及んだ。感染を恐れて外出を控える人も多く、第1四半期に九・九%だった経済成長率は、第2四半期に六・七%に落ち込んだ。打撃が比較的大きかったのはサービス業や出稼ぎ労働者を出している農村であり、第2四半期の農民の平均収入は三五元減少した。

「和諧社会」の提唱

SARS対策で名を上げた胡錦濤と温家宝は、〇三年に早くもその施政の独自色を発揮し始めた。今後一〇年間の経済改革についての青写真を示した同年一〇月の第一六期三中全会決定は、温家宝総理を組長とする起草組によって起草された。胡錦濤の起草組への指示は、「人を根本となし(「以人為本」)、協調的、全面的、持続可能な科学的発展観を強固に樹立せよ」とするものであり、これは「胡錦濤総書記の重要思想」だと報じられた。その重要な柱は、五つの問題について均衡発展を心がけることであった。すなわち、都市と農村の発展、沿海と内陸などの地域の発展、経済と社会の発展、人と生態系の調和的な発展、そして国内発展と対外進出の五つである。

科学的発展観の内容は次第に発展し、具体化していくことになる。〇四年に提示された「調和のとれた社会」(「和諧《わかい》社会」)の構築など、様々なスローガンが唱えられたが、それらの要点は社会的弱者への配慮であり、バランスのとれた発展の強調であった。特に重視されたのは「三農問題」(農業の豊作貧乏、農村の荒廃、農民の貧困)である。国務院発展研究中心の王夢奎《おうむけい》主任によれば、二〇〇〇年から〇二年までの間に増収した農家が全体の五六・四%であったのに対し、減収した農家は四二%に達した。また、三〇〇〇万人の農民が依然として「温飽」(衣食の満ち足りた状態)に達しておらず、六〇〇〇万人が不安定な生活を送っていた。都市住民との収入格差は〇二年で一対三・一に広がっており、そこに反映されない社会保障などの要素を加味すると、実態は一対五ないし一対六の格差が存在していた。

科学的発展観を具現した政策としては、三農問題の解決のための投資の拡大や、中国史上初と言われる〇六年からの農業税の廃止、社会保障制度の農村への拡大、農村から都市への出稼ぎ労働者の待遇改善、不法な土地収用の防止と耕地の保護、省エネや環境保護の推進、西部大開発プロジェクトや東北旧工業基地の振興(日本や韓国にも支援が呼びかけられた)などが唱えられた。必ずしも、すべての政策がうまくいったわけではなく、後述するように調和のとれた社会の実現ができたとは言い難いが、農村の振興や農民の生活改善に一定の成果が上がったことは評価できよう。

対日新思考外交の提起

胡錦濤政権の外交で最も対応が難しかった問題の一つは対日関係の取り扱いであった。〇一年に小泉純一郎が首相に就任すると、自民党総裁選での公約であった靖国神社参拝を八月一三日に行った。その約二カ月後、小泉首相は北京を日帰り訪問し、現役の総理大臣として初めて盧溝橋の中国人民抗日戦争記念館を訪れた。そこでは、「侵略によって犠牲になった中国の人々に対し心からのお詫びと哀悼の気持ちをもって、いろいろな展示を見させていただいた」、と述べた。

また小泉は、首相の任期中、中国の経済発展は日本にとって脅威ではなくチャンスだと言い続けると同時に、中国が地域協力に積極的な役割を果たそうとしていることを一貫して高く評価した。〇二年四月には、アジア版ダボス・フォーラムという触れ込みで始まった、中国海南島での第一回ボアオ・アジア・フォーラムに出席し、個別の努力を地域的経済統合に有機的に結びつけることが東アジアの戦略的課題だと訴えた。

そのような小泉の態度を中国側は高く評価しただけに、〇二年四月の二度目の靖国神社参拝には衝撃を受けた。他方、五月、北朝鮮を脱出した脱北者が瀋陽の日本総領事館に駆け込んだ事件をめぐっては、日本側で中国政府の対応への強い批判が起きた。中国側では、引退間際の李瑞環政治協商会議全国委員会主席が音頭をとり、同年秋から翌〇三年一月にかけて多くの専門家を集めて対日政策を検討させた。そこでは、日本側を非難するばかりではなく、江沢民政権下の中国側の問題点をも指摘し、日中協調を主張する意見が多く出されたという。

他方、〇二年一一月から〇三年の春にかけて、『戦略と管理』誌上において人民日報評論員の馬立誠《ばりっせい》、中国人民大学の時殷弘《じいんこう》、中国社会科学院日本研究所の馮昭奎《ふうしょうけい》らがいわゆる「対日新思考」論を展開し、歴史問題に拘泥せず、対日関係を発展させることの利を唱えた。馬立誠は、〇二年の党大会で序列第五位に昇進した曽慶紅《そけいこう》の支持を得たともいわれる。曽は同年の小泉靖国神社参拝の直後にも来日して、野中広務元自民党幹事長と会談していた。

積極的な対日姿勢

胡錦濤と小泉純一郎が初めて会談したのは〇三年五月末、サンクトペテルスブルクでのことであった。そこで胡は日本がＳＡＲＳ対策に向けて世界に先駆けて最大の無償援助を行ったことに感謝するとともに、靖国問題には言及せず、両国が協力することがアジアおよび世界の平和、安定、発展に重要な貢献をもたらすと語った。このような積極的な対日姿勢を表明することができたのは、ＳＡＲＳ制圧に成功し、胡錦濤の声望が国内で高まったことを背景としていたこともあろう。その会談で設立が合意された新日中友好二一世紀委員会の中国側座長には、親日的だった胡耀邦元総書記の秘書を務めた鄭必堅《ていひっけん》が就任した。

そして同年八月には李肇星《りちょうせい》外交部長が、九月には胡錦濤に次ぐ序列二位の呉邦国《ごほうこく》全人代常務委員長が来日し、やはり日中関係の発展がアジアや世界にとって重要だと訴えた。

こうした対日積極姿勢が、当時の地域協力重視の外交政策と密接な関係を有していたことは明らかであろう。〇二年一一月には中国―ASEAN包括的経済協力枠組み協定に調印し、〇三年には朝鮮半島政策に変更を加え、活発な外交活動を展開して北朝鮮の核開発問題に関する六カ国協議を実現させた。九〇年代後半に始まり、世紀の変わり目に拍車がかかった地域主義外交は、「隣人とよしみを結び、隣人をパートナーとする(与隣為善、以隣為伴)」「隣人と睦み、隣人を安んじ、隣人を富ませる(睦隣、安隣、富隣)」といった新しいスローガンの下に推進された。王毅《おうき》外交部副部長は、ASEAN+3および日中韓の枠組みで協力を推進することを唱えていたが、日中関係の発展がその鍵を握ることは疑いなかった。

魚釣島上陸事件

ところが、新政権の対日融和姿勢は次第に批判にさらされることとなった。一つの論点は、歴史問題の扱いである。対日新思考をめぐっては、研究者などから強い反論が提示された。激しい論戦が展開されるなか、〇三年の夏から秋にかけて、旧日本軍が遺棄した毒ガス兵器がチチハルで死傷者を出した事件、珠海で日本の建設会社社員が集団買春した事件、さらには西安の西北大学で開かれた文化祭で日本人留学生の「寸劇」が大規模な反日暴動を引き起こした事件などが立て続けに発生した。

そして同年一二月には唐家璇《とうかせん》国務委員の主宰で対日外交に関する大規模な会議が開かれ、歴史や台湾をめぐる原則をはっきり示す方針が確認された。同月にはさらに、日本最南端の沖ノ鳥島が周囲に排他的経済水域を設定できる「島」ではなく「岩」に過ぎないと中国政府が主張し始めたほか、「釣魚島《ちょうぎょとう》（尖閣諸島の中国側呼称）を守る」活動家組織である中国民間保釣聯合会が設立され、それまで日本に対する民間の戦争賠償請求運動を唱道していた童増《どうぞう》がその代表に就任した。〇四年三月、同会の活動家七人が魚釣島に上陸し、沖縄県警に逮捕された後、入国管理法に基づいて中国に強制送還された。四月初めに予定されていた川口順子《よりこ》外相訪中の一〇日前の出来事であった。

魚釣島に上陸した中国人活動家らと沖縄県警の警察官（写真提供：朝日新聞社）

対日新思考外交の挫折

胡錦濤のソフトな対日姿勢と異なる動きが中国側に現れた一つの要因は、日本側から積極的な「対中新思考」が提示されなかったことであったろう。小泉首相は、毎年一度の靖国神社参拝をやめることはなかった。中国に言われてやめたのでは、今後の二国間関係のあり方が規定されてしまうと考えて、毎年、一定の対中配慮のもとに日を替えながらも、参拝をつづけた模様である。そして、胡錦濤の対日外交が挫折したもう一つの、恐らくはより大きな要因は、党内における異論の存在であった。「歴史問題と台湾問題が両国関係の中の大問題であり、それらを厳粛に扱い、正しく処理する必要がある」(〇二年八月、不破哲三日本共産党中央委員会議長との会談での江沢民の発言)と主張する勢力の抵抗である。

恐らくは、異論が作用した一つの例が、中国の「平和的台頭(和平崛起《くっき》)」という言葉の使用中止であった。これは、鄭必堅が〇三年一一月に提唱した概念である。その要点は、海外の中国脅威論を抑えるべく、大国の台頭が戦争を招いた歴史を繰り返さないと対外的に訴えると同時に、国内の排他的、好戦的ナショナリズムを戒めるところにあった。翌一二月より胡錦濤や温家宝も繰り返し使うようになったが、〇四年四月以降、平和的発展という以前からの言い方に改められた。武力行使を否定したと台湾の独立派が誤解しかねない(前月に民進党の陳水扁が総統選挙に勝利していた)、あるいは「台頭」という言い方が中国脅威論をかえって煽ることになる、などの理由から、同月の政治局常務委員会で指導者は使わないようにすることに決まったといわれる。

総書記と総理が率先して使い始めた概念を撤回することは珍しく、そこには「もう一つの中央」からの声が作用した可能性が高い。江沢民の伝記には、江が中央軍事委員会主席に留任して軍を統制できたことにより、外交政策と国内治安に強大な影響力を有したと述べられている。

江沢民の軍委主席辞任

〇四年九月、第一六期四中全会で江沢民は党中央軍事委員会主席の地位を辞した。同会議の議題や提出草案を決めた政治局会議が開かれたのは七日であったが、江はそのわずか六日前の九月一日に党中央に宛てて辞任の承認を求める手紙を書いた。前任の鄧小平の場合、辞任が決定したのは鄧が党中央に宛てて手紙を書いてから二カ月以上も後のことであり、また江沢民が九月一日以降も活発に活動している様子を見ても、地位への未練が感じ取れた。政治局が江沢民の辞任を受け入れたことを知っていたのは、ごく少数の者に限られていた。四中全会の開幕とともに、江沢民の辞任が議題に上がっていることを知らされた人々は驚愕した。

権力闘争の嵐が吹いたことを疑う人は少なかった。同年の八月二二日は鄧小平の生誕一〇〇周年であり、その前後に多くの記念活動が繰り広げられた。そこで強調されたのは、鄧小平がいかに潔く後進に道を譲ったかということだった。とくに、鄧家の三人の娘たちは、中央テレビ局のインタビュー番組で、父が要職を退いてからは若い指導者たちを信頼し、自分のところに回ってくる書類にも目を通そうとしなかったと強い口調で語った。また、江沢民から胡錦濤への軍権委譲を求める、あるいはそれを認める軍内の雰囲気は、同年春頃から現れていた。例えば、胡錦濤と軍人の序列第一位である郭伯雄《かくはくゆう》副主席が江沢民と軍人序列第二位の曹剛川《そうごうせん》副主席の前に立つ写真が『解放軍報』の一面に大きく掲げられた。七月末の建軍記念日前夜には、曹剛川が「江沢民主席の指揮に従う」という常套句を演説から落とすという事態も発生した。

胡錦濤政権の矛盾

ただ、江沢民の影響力がすぐに減退したわけでもなく、権力基盤の固まらない胡錦濤は、「中華民族の偉大な復興」の実現というナショナリスティックなスローガンを前任者以上に声高に唱えていた。経済成長のひずみが大きく、社会矛盾が募る社会をまとめていく上では、和諧社会の構築を唱え均衡発展を進めるのと同時に、ナショナリズムに頼らざるを得ない面もあった。そこに、協調的な外交を基調としようとした胡錦濤政権の矛盾が存在した。

〇四年の夏に中国でサッカーのアジアカップが開かれた際には、日本チームとそのサポーターに対して中国人サポーターからすさまじいブーイングがあり、その様子がテレビ中継を通して日本の視聴者にはっきりと伝わった。日本と中国の決勝戦の後には、日本大使館公使の乗った車両の窓ガラスが割られ、日本人サポーターたちが数時間、会場から出られない状態が続いた。社会の日常的な不満と反日が連動すると、当局も抑え込めない事態が発生しうることが明らかとなった。

同年一一月にサンチアゴで開かれた小泉と胡の首脳会談では、靖国参拝をめぐる厳しいやり取りが見られた。会談の一〇日ほど前には、中国の原子力潜水艦が石垣島周辺の日本の領海を侵犯し、大野功統防衛庁長官が海上警備行動を発令する事態が生じていた。日中の首脳や外相が会談する前後に中国の船が日本の領海付近に現れるというパターンは、その後も繰り返されることとなる。偶然だった場合も中にはあったかもしれない。だが、あまりにも回数が多くなると、それは胡錦濤政権が日本に対して妥協的な態度を取ることを牽制する勢力の存在を示唆しているように日本側には見えた。

香港への強硬姿勢と台湾政策の変更

〇四年から〇五年にかけ、江沢民が影響力を及ぼしたと思しき問題には、他に香港と台湾がある。〇三年以来、香港で高まった民主化運動に対し、当初胡錦濤政権は柔軟な姿勢を示していた。しかし、数年後の〇七年の行政長官直接選挙や〇八年の立法会全面直接選挙の実施が香港で要求されたのに対し、〇四年初め、江沢民は深圳において「香港指導者層の主体は愛国人士によって構成されなければならい」という鄧小平の警告を繰り返した。それを受けて、香港の民主派や、中国の内政問題に干渉する英米に対する批判が中国メディアで展開された。

台湾に対しては、九八年に江沢民は統一へのスケジュール表が必要だと述べ、台湾当局が無期限に交渉を引き延ばした場合には武力の行使も排除しないことを政策とした。江沢民の伝記の中で、江がいささかも妥協しない強硬な立場をとる例として挙げられたのが、台湾に対する戦争の備えを急ぐよう要求したことであった。だが胡錦濤は、〇五年三月に全人代を通過した「反国家分裂法」において、非平和的手段に訴える要件を、①台湾が中国から分裂した場合、②分裂を招く重大な事態の変化が起きた場合、③平和統一の可能性が完全に失われた場合、の三つに限定した。翌四月には胡錦濤のイニシアティブにより連戦国民党主席が大陸に招請され、国共両党の歴史的な和解が演出された。

そして九月の抗日戦争・反ファシズム戦争勝利六〇周年記念大会において、胡錦濤は、抗日戦争においては国民党が「正面の戦場」の主体として戦い、共産党は「敵の後方の戦場」を指導するという分業が行われたと述べ、国民党の役割を高く評価してみせた。しかし、宣伝理論担当の政治局常務委員である李長春《りちょうしゅん》は、その前日の講話で国民党の功績に触れず、共産党が「最前線で血を浴びて奮戦した」ことを強調した。李が江沢民に近い人物であることは、よく知られた事実であった。

呉儀副総理の会談キャンセル

○五年三月、国連で議論されていた安全保障理事会の改革問題に関し、アナン事務総長が日本の安保理常任理事国入りを支持する発言をすると、それに反対するインターネット上の署名運動がアメリカの華僑系団体などから起きて、やがて中国国内のポータルサイトへと広がった。そして四月には、土曜日ごとに中国の多くの都市で大規模で暴力的な反日デモが発生した。だがこれに対し、胡錦濤政権は断固としてそれを取り締まる方針を示した。同月二三日のインドネシアでの小泉・胡会談をはさみ、しばらく中国メディアは日中友好一色となった。

ところが、五月二三日、来日していた呉儀《ごぎ》副総理が小泉首相との会談を当日になって突然キャンセルして帰国するという前代未聞の事態が発生した。その理由について在京の中国大使館は当初、緊急の公務が生じたためと言っていた。だが、北京の外交部スポークスマンは、呉儀の訪日中、日本の指導者が靖国神社参拝問題につき連続して日中関係の改善に不利な話を発表したことに中国側は大いに不満を感じたと述べた。しかし、小泉が衆院予算委員会で靖国参拝を続けると明言したのは呉儀来日の前日のことであり、中国側の混乱は際立った。

実際のところ、呉儀の帰国について指導部内には意見の不一致があり、その背後には江沢民の存在があったと見てよかろう。江は、五月四日、胡錦濤らが反日デモの再燃を憂えた「五四運動」記念日にわざわざ南京大虐殺記念館を訪れ、黙禱をささげていた。その事実が南京市公安局のホームページに掲載されると同時に、香港の大陸系新聞『大公報』によって報道されたのは呉儀が帰国した翌々日のことであった。それ以降、日本についてのメディアの報道ぶりは再び一転して厳しくなった。首相が靖国参拝を続ける日本とは和解しがたいと、江沢民が考えた可能性は高い。同年秋の参拝以降、それまで多国間対話の場を借りて行われていた日中首脳会談に中国側が応じることはなくなった。

「和諧世界」演説

外交政策をめぐる指導部内の主導権争いはそれに留まらなかった。〇五年九月、胡錦濤は国連設立六〇周年首脳会議で演説し、恒久平和、共同繁栄の「和諧世界」の建設に努力しようと呼びかけた。これは、科学的発展観に基づいて和諧社会を築くという国内発展のスローガンと平仄を合わせたものにほかならない。一〇月の第一六期五中全会のコミュニケには「平和、共同繁栄の和諧世界の建設」がうたわれ、胡錦濤は〇六年の年頭の辞でも前年九月の国連演説で用いた表現を繰り返している。それにもかかわらず、李肇星は〇五年の外交活動を総括する恒例の『人民日報』外相インタビューでこの新方針に触れなかった。また温家宝すら、〇六年一月下旬の旧正月の挨拶で「平和、親睦、調和のとれた世界（和平、和睦、和諧的世界）」と言い直している。

江沢民は、外国との激烈な競争を含め中国はまさに多くの重大な挑戦に直面しているとして、ある種の危機意識を喚起しようとタカ派的なスタンスを基調にしていた。江にすれば、協調的あるいはハト派的な胡錦濤の姿勢が物足りなく見えることがあり、その影響を受けて中国政府としての外交政策の一貫性が揺らいでいたものと思われる。

WTO 加盟書類にサインする石広生対外貿易経済合作部長（写真提供：ロイター／アフロ）

WTO加盟の実現

〇一年一二月、関税貿易一般協定（GATT）時代からの課題であった、中国の世界貿易機関（WTO）への加盟が実現した。その結果、貿易と外資導入の拡大とともに、〇二年から成長率も上昇傾向に転じた。例えば、日本から中国への輸出の前年比伸び率は、〇二年には二八・二％、〇三年は四三・六％、そして〇四年は二九・〇％を記録した。香港を別にした中国が日本の最大の貿易相手国になったのは〇七年のことであった。当時、日本の景気が上向いた一つの原因として、中国の経済的台頭があったことは疑いない。中国は鉄鋼や家電、電子情報機器などで世界一の生産高を上げるようになり、「世界の工場」と称されるようになった。
人々の生活水準も急速に向上した。例えば、都市と農村の一人当たり住宅面積はそれぞれ、九〇年の一三・七平米と一七・八平米から、〇六年には二七・一平米と三〇・七平米へと、約二倍の広さに拡大した。また、都市と農村の一〇〇戸当たりのカラーテレビ保有台数はそれぞれ、九〇年の五九・〇台と四・七台から、〇七年の一三七・八台と九四・四台へ、コンピュータの保有台数はそれぞれ二〇〇〇年の九・七台と〇・五台から、〇七年の五三・八台と三・七台へと増えた。今日につながる中国社会の物質的な変化は、この時代にはっきりとした形を見せ始めたといえる。

「国進民退」

めざましい経済成長は、対外関係にも影響を及ぼした。「中国特需」が日本のメディアで語られるようになると、小泉首相の靖国神社参拝問題や〇二年五月の瀋陽総領事館事件にもかかわらず、中国に親しみを感じる日本人の割合は〇三年に一一・三ポイント上昇した。グローバル化の時代、何も事件がなければ、経済交流や文化交流の進展によって対中好感度は自然と上がる状況が現れたのである。〇四年三月に実施された「日中韓三ヶ国経営者三百人アンケート」によると、三カ国の自由貿易協定が必要だとする経営者は日本で七〇%、中国で六四%、韓国で七五%に達した。

対外経済交流が一層盛んになる一方で、興味深いのは「国進民退」といわれた国有企業の再編と復活であった。九〇年代後半より、効率化のための国有企業の株式化と資産の流動化、そして採算性の悪い部門の売却が進められた。その結果、金融やインフラ、エネルギー、通信、公共サービスなど、国民経済の要の部門において国有企業による寡占体制が敷かれた。規模を武器に、そして政府の支援を後ろ盾として、国有企業が息を吹き返し、私営企業を凌駕するパフォーマンスを示すようになっていった。

国有金融機関の規律維持のため、九八年に中央金融工作委員会が設置され、人事権を梃子に党が市場のお目付け役になったのは前章で述べた通りである。同年、一般の国有大型企業については、同様の役割を果たす中央大型企業工作委員会が設置されていた(翌年、中央企業工作委員会に改組)。そうした党組織は〇三年の新指導体制発足時に廃止され、新たに設立された中国銀行業監督管理委員会や国務院国有資産監督管理委員会といった国家機関がその機能を吸収して担う形になった。例えば、国有資産監督管理委員会は発足当初、一九六の国有企業を監督管理することとされた(後の合併などにより管轄企業数は減少傾向にある)。

社会矛盾の激化

マクロ経済が快速成長を遂げる一方で、その光と影のうち、影の部分が広がったことも事実である。公安部の発表によれば、〇四年には集団抗議事件が全国で七万四〇〇〇件発生し、それと定義が異なるので直接には比べられないが、〇五年には集団騒擾事件(「群体性事件」)が全国で八万七〇〇〇件も起きた。騒ぎの原因は様々だが、立ち退き補償金の未払いや村幹部の公金流用、環境汚染の放置や隠蔽などへの直接的な抗議のほか、市井のいざこざをきっかけとして、市民が当局に対する積年の怒りを爆発させるケースも少なくなかった。

汚職腐敗や権力の濫用に加え、所得格差も拡大した。〇五年の段階で、中国のジニ係数は社会安定の警戒線といわれる〇・四〇を超えていた。〇五年夏、労働社会保障部の下にある労働科学研究所は、今のペースで格差が広がれば二〇一〇年には社会的に受け入れられない程度になると警告した。中国社会科学院社会学研究所が〇七年に行った社会状況総合調査によれば、一人当たり所得が最も高い二〇%に属する家庭の平均所得は、最も低い二〇%に属する家庭の一七・一倍であった。また、所得の多寡によって、一人当たり住宅面積の広さや、冷蔵庫や電子レンジ、自家用車などの耐久消費財の所有率は大きく異なっていた。

中央と地方の争い

〇五年三月の全人代では、民意を表出するチャンネルが政治制度に十分に備わっていないことが話題となった。ある代表は、大衆の不満をガス抜きするための「減圧バルブ」が必要だと言い、「それがないと、小さな事件が導火線となって激烈な反響を引き起こす可能性もある」と語っていた。こうした事情が、翌四月にかけて発生した反日デモの一つの側面を成していたことは間違いない。

また、中央政府にとって、景気の過熱を抑えるためのマクロコントロールの強化が経済運営の課題となった。温家宝総理がなかでも引き締めのターゲットとしたのは鉄鋼、セメント、不動産、アルミなどの分野であった。だが、一〇年前と同様、地方は地域経済の活性化を第一に考えて中央の統制に従おうとしなかった。例えば〇四年八月、著者が訪れた某省の地方都市では、主要産業が鉄鋼とセメントと不動産だと聞かされたため、マクロコントロールの強化で苦労しているのではないかと尋ねたところ、「全然関係ない」と中央の指示を歯牙にもかけていない様子であった。中央の地方に対する統制力の弱さは、中央指導部が団結していない状況に由来する部分もあった。

中央外事工作会議の開催

外交政策の面で、和諧世界の実現を唱える胡錦濤の協調路線が浸透する重要な契機となったのが、〇六年八月に開かれた中央外事工作会議であった。当時の『人民日報』社説によれば、この会議は外交上の指導思想、基本原則、全体的な要求と主要任務を明確に提示し、全党の思想を統一する上で重要な意義を有した。また同会議では、党中央のリーダーシップとその下での認識と行動の統一が強調された。同会議の開催は、胡錦濤が自らの権力基盤を固める上でも重要な意味をもっていたように思われる。そのことは、次に述べるように対日関係の劇的な改善という果実を中国外交にもたらした。

同会議において、胡錦濤が強調したのは中央の指示に従えということであった。すなわち、外事活動の正しい方向性を堅持すべく、全党全国はみな真剣に中央の国際情勢判断に考えと認識を統一しなければならず、中央が提示した対外大政方針および戦略的配置に考えと認識を統一しなければならず、中央の対外活動方針および政策を断固として貫徹しなければならず、心を一つにして協力し、外事活動をうまく進めなければならない。これはつまり、これまでは中央の国際情勢判断や対外活動方針に賛成せず、まじめに外交政策を実行しなかった者がいたと言っているに等しかった。

もちろん、中央外事工作会議が中国の内政上、どれほどの意義を有したのかを正確に測ることは難しい。しかし、その後の事態の展開は劇的であった。翌九月には、上海市党委員会書記の陳良宇《ちんりょうう》が汚職のかどで解任された。陳は、上海でキャリアを積んだ生粋の「上海閥」ともいえる人物で、またかねてより、胡錦濤、温家宝政権が進めようとしていた経済のマクロコントロールに異を唱えてきた地方指導者であった。その解任は、一九九五年に江沢民が、鄧小平と太いパイプを有した陳希同《ちんきどう》北京市党委員会書記を汚職のかどで追い落とし、自らの権力基盤を固めた一幕を彷彿させた。

日中戦略的互恵関係の構築

そして、陳良宇解任の翌一〇月、胡錦濤は、首相に就任してまもない安倍晋三を北京に招き、戦略的な共通利益に基づく互恵関係、略して戦略的互恵関係の構築に合意した。象徴的だったのは、安倍が北京を訪れた一〇月八日が中央委員会総会の開幕日だったことである。胡錦濤は、外交方針を転換し、発展のために全方位外交を実践する姿を中央委員たちに見せつけた。日本で首相交代が起きた機をとらえ、自らの提唱するバランスの取れた発展を実現するために対日関係を改善し、近隣の国際環境の安定および経済交流の拡大深化、なかでも省エネや環境保護技術等の獲得を進めようとしたのであった。

実は、同じ〇六年三月末、胡錦濤は日中友好七団体との会見で、「日本の指導者が靖国神社を決して再び参拝しないと明確な決断を行うならば」、会談や対話を進めたいと表明していた。それが、六月の宮本雄二駐中国大使との会見では、靖国に言及せず、「条件が整い、適当な機会に貴国を訪問することを願っている」という表現に変化した。

北京で会談する安倍晋三と胡錦濤(写真提供：朝日新聞社)

他方、安倍は、かねてより首相の靖国神社参拝を持論としていた。しかし、自らの首相就任の可能性が高くなると、靖国参拝を政治問題化させるべきではないと述べ、参拝に行くか行かないかについて言及しないという態度をとるようになった。

こうして双方が折れ合うことにより、靖国神社参拝問題という唯一の障害がクリアされて首脳交流は再開され、日中関係は戦略的互恵関係という一段高い段階へ押し上げられた。谷内正太郎《やちしょうたろう》外務事務次官と戴秉国《たいへいこく》中央外事弁公室主任のシャトル外交による信頼構築に加え、日本に譲歩できる程度にまで党内における胡錦濤の権威と権力が高まっていたことが、関係の行き詰まりを打開する要件となった。

当時の中国の対日政策は、政権の安定度合いを判定するための、いわばバロメーターであった。つまり、友好的な対日政策を打ち出す時の政権は比較的安定しており、厳しい対日政策を採りがちになるのは権力基盤が不安定な時であった。それはすなわち、中国の平和と発展にとって日本との良好な関係がプラスである一方、政権の求心力を強化する上では対日闘争が有利に働くことを示唆していた。

2　党内論争の噴出

次期指導者の内定

二〇〇六年夏頃より、胡錦濤の出身母体である共青団系の幹部が多く登用される傾向が強まった。〇七年の第一七回党大会においても、当時遼寧省党委書記を務めていた胡錦濤直系の李克強《りこっきょう》が政治局常務委員会入りし、後継者としての地位を得るのではないかと大方が予想していた。ところが、結果的に政治局常務委員会で李克強よりも高い序列を与えられ、党務担当常務委員という、いわば総書記見習いの地位についたのは習近平《しゅうきんぺい》であった。

なぜ、このような配置になったのか。一つには、李克強に対する党内の反発があったことが考えられる。第一に、李克強は、共青団を離れて地方の指導者になってから特別の業績を上げたわけではなく、いわば共青団出身者であるという党派性が際立った存在であった。共青団系は当時、他から妬まれるほど羽振りが良かったのみならず、胡錦濤の指導の下でバランスのとれた発展の重要性を強調していた。それに対して、成長の速さを重視する、そして成長から直接的な利益を得ている既得権益層が、反共青団、反李克強で団結したという構図を描くことが

第２期胡錦濤政権の政治局常務委員会委員．左から，周永康，李克強，李長春，温家宝，胡錦濤，呉邦国，賈慶林，習近平，賀国強（写真提供：読売新聞社）

できる。この背景には、この頃から有力な党内勢力として注目度を上げた太子党《たいしとう》、すなわち革命元老の子女たちと、ビジネス界との深いつながりがあった。

第二に、計画経済時代に培われた中国の官僚機構における、政治力の分布という問題がある。共青団系が強調するバランスのとれた発展を担当する役所がどこかといえば、例えば社会福祉や労働問題を担当する労働社会保障部や、環境問題担当の環境保護総局、あるいはＳＡＲＳ問題などを扱う衛生部ということになる。だが、環境保護総局は当時まだ部でもなく（〇八年にやっと部に格上げされた）、衛生部も弱小であった。労働社会保障部も計画経済時代は力があったが、市場経済の下ではもはや有力な官庁とはいえなかった。官僚機構の力比べになったときに、成長促進を職務とする役所のほうが力は強いという基本事情が、もう一つの要因として挙げられる。

第三に、李克強は、経済が比較的遅れている、あるいは問題の多い河南や遼寧でしか指揮を執ったことがなかった。それに対して習近平は、駆け出しの頃を除いては、福建、浙江そして上海と、沿海地方ばかりで指導的な地位に就いてきた。沿海地方にすれば、バランスのとれた発展や地域間格差の是正を李克強に推進されるのは回避したい。内陸や中部はその逆であるが、総じていえば政治力が強いのは経済力を備えた沿海地方の側であった。

そして第四に、民主活動家でアメリカに亡命した王軍濤《おうぐんとう》が、七〇年代末から八〇年代初めにかけて共に北京大学で学んでいた際、李克強が民主化に前向きな発言をしていたと著書に記したことが党内で問題にされたと言われる。

習近平の受け入れられやすさ

他方、習近平は沿海地方の指導者として無難に務めた経験と実績があったほか、習仲勲元副総理の長男であり、生まれた時から他の革命元老の子女らとともに育った太子党の一員であって政治的に信頼できるとされた。文化大革命の間には陝西省の農村に送られ、苦難の日々を過ごしたこともあった。だが、一九七五年には北京に戻り、清華大学化学工程学部に入学して、七九年に卒業した。ただ、多くの太子党と異なり、八二年から再び地方で働くことを志願して、河北省正定県の副書記、そして書記を務めた。習近平自身、「当時北京から地方に出たのは自分と劉源〔劉少奇元国家主席の息子〕だけだった、われわれは期せずして行動が一致した」と後に回想している。内陸や農村の苦労を知っているという意味では、太子党とはいえ、胡錦濤ら共青団系にとっても受け入れやすい人物だったといえよう。

また、習近平と一般の指導者との違いは、清華大学卒業後に軍人として中央軍事委員会弁公庁に所属し、政治局委員でもあった耿飈《こうひょう》国防相の秘書を務めた経験をもつことであった。再婚した妻、彭麗媛《ほうれいえん》は総政治部歌舞団の花形歌手で、現在では団長を務める現役の少将である。習近平は、軍人からすると、いわば身内の存在であった。

新規政治局常務委員の予備選挙

第一七回党大会での人事について特筆すべきは、開催のおよそ四カ月前の〇七年六月、新規政治局常務委員の予備選挙(「民主推薦」)が実施されたことである。その前の二回の党大会が近づいた時には、中央党校に中央委員や中央候補委員ら、部長級以上の幹部たちが集められ、総書記が党大会での中央委員会報告(いわゆる政治報告)のたたき台になるような講話を行っていた。今回は、同様の講話につづいて、誰が新規の政治局常務委員としてふさわしいか、人気投票が行われたのである。

票を投じたのは、中央委員、中央候補委員ら四百余名で、配られた投票用紙には、六三歳以下の正部長級幹部および正大軍区職幹部、合計二〇〇名近い候補者の名簿が付いていた。ただ、この投票の結果だけでラインアップが決まるわけではなく、その結果をふまえ、組織部門による身辺調査を経た上で、密室談義の後に党中央が最終候補者名簿を準備した。その名簿が、まずは中央政治局常務委員会の同意の後、中央政治局会議で審議、決定され、党大会において選出された中央委員会の第一回総会で、新しい中央領導機構の成員が正式に選出されるという手続きがとられた。

予備選挙に当たり、胡錦濤が示した政治局常務委員の選出基準は次のようなものであった。第一に、政治的な立場が堅固で、科学的発展観と党の政策を貫徹実施し、党中央との高度の一致を保持していること。第二に、領導能力が高く、実践の経験も豊富で、正しい業績観を有し、仕事の実績が突出しており、党員と大衆に擁護されていること。ここで「正しい業績観」とは、成長至上主義をとらず、胡錦濤の唱える「速い発展よりも好い発展を」という考え方を支持することである。そして第三に、思想も仕事もしっかりしており、廉潔で、党内外に良いイメージをもたれていることであった。

「民主推薦」の意義

また、「民主推薦」と呼ばれたこの制度には、次のような意義があるとされた。

第一に、長期的な観点から、若く力量のある優秀な人材を政治局に入れ、実践の中で早くから鍛錬し、その成長を加速して党と国家の事業の後継者を確保することができる。第二に、新旧世代交代の手続きの制度化に資するもので、将来の党および国家指導者選出制度の完備を促進する。そして第三に、党内民主の制度整備を促進する。

権力の継承が制度化されていないことは、一党支配体制の一般的な弱点である。革命元老の指名によってトップに立つ正統性を得る時代が過ぎたことを思えば、依然として不完全ではあるものの、投票制度の導入は画期的な措置であったといえよう。ただ、それが健全な派閥政治を発展させるのか、人気取りや金権政治の横行をもたらすのかは、まだ不明であった。

経済の変調と世界金融危機

胡錦濤と温家宝は、速度の重視から均衡の重視へと発展のモードを転換することに努め、〇六年末には政策目標を「速くかつ(効率が)好い発展」から「(効率が)好くかつ速い発展」へと変更した。〇四年以来、中央政府は二年に一回、最低賃金を引き上げるよう地方に指示していたが、〇八年一月からは労働契約法が実施され、雇用期間の長期化など労働者の権利保護が進められた。その結果、雇用に慎重になる企業が増えた一方、〇七年第3四半期から物価の上昇が始まり、当局は経済の引き締めを強めた。

それに対し、アメリカのサブプライム・ローン危機の影響も加わって輸出産業が打撃を受けた沿海地方などから、景気刺激策への転換が強く要求された。〇八年七月には、全人代財経委員会が金融引き締め政策の見直しを国務院に要求する文章をネット上に発表するという異例の事態が起きた。翌八月、北京オリンピックが華々しく開催される一方で、中国社会科学院の実施した社会調査によれば、当時の都市部の失業率は九・四%に達していた。

そして〇八年九月、緊縮継続か緩和かをめぐる政治的な綱引きが行われているところに発生したのが、アメリカ発の世界金融危機である。成長率が八%を切ったことを目安に、中国当局は大々的な景気刺激策へ転換した。一一月、国務院は、一〇年末までに四兆元(約六四兆円)の投資を行うほか、自動車、家電の購入補助を実施する方針を決定した。それが功を奏し、〇九年第1四半期の成長率こそ六・一%まで下がったものの、結果的に同年を通した成長率は九・二%に達した。中国は、他国に先駆けて危機から脱出することに成功したのである。

この顚末から見て取れるのは、社会の安定を保つために、雇用の確保とそれを実現する高成長率を必要とする中国の政治社会構造である。衝突する利益を調整し、社会の不満を吸収、解消する政治制度を欠く中で、安定維持を至上命題とする共産党は、均衡発展と快速発展を共に必要とするというジレンマに陥っていた。

中国モデルの主張と反論

胡錦濤政権第二期の特徴は、中国の方向性にかかわるような様々な重要問題に関する党内意見の不一致が表面化したことである。そこには、以前から存在する、中国の開発政策における力点の置き方をめぐる意見の相違や、実態としての社会矛盾の深刻化といった国内要因のほかに、世界金融危機の結果、中国が世界から頼りにされる大国になったという国際要因も作用していた。

そのことは、中国モデルをめぐる論争に明らかに示された。中国モデル、あるいは北京コンセンサスという言葉は、新自由主義的なアメリカ・モデルやワシントン・コンセンサスに対する概念として、もともとは外国人が提示したものであった。だが、とくに世界金融危機の後で、確かに中国モデルは存在し有効である、と主張する中国人も増えた。アメリカ資本主義の象徴ともいえる自動車会社や銀行の一部は国有化され、アメリカ・モデルの権威は失墜した。

他方、中国の国民経済は発展し、人々の生活水準はおしなべて向上した。アヘン戦争以来、国際的な地位が今ほど高まった時はなく、不況にあえぐ世界はG20の中心国家となった中国が世界経済を牽引することを期待していた。こうした成功は、「やはりわれわれの発展の仕方に正しいところがあるからであり、中国モデルは今や世界の発展モデルとなった」と主張する人々が現れた。

しかし他方において、中国モデルなど存在しない、あるいはそれを喧伝すべきではないという声もあった。中国モデルとは結局、政府のコントロールの強い市場経済を指し、日本人になじみのある概念でいえば開発独裁であって、中国に特有のものではない。なおかつ、中国はまだ改革の途上にあり、静態的なモデルたりえない。そして中国社会の現状認識としては、隆々たるマクロ経済の成功も一皮剝けば問題山積であり、モデルと呼ぶに値しない、という主張である。

改革をめぐる衝突

中国モデルを認めるか否かは、経済改革についての意見の不一致と直結していた。中国モデルが機能しているという現状認識に基づけば、政府の統制が強い現行の経済制度を改革する必要はない。また、中国の経済改革にとって究極の課題は国有企業の民営化だが、それにはイデオロギー墨守の立場からの強い反対がある。さらには、国民経済の要の部門における国有企業寡占体制に既得権を有する勢力は、当然ながら改革に強く抵抗する。

他方、現在の主な成長方式、すなわち労働力や資本といった生産要素の投入拡大による経済成長の限界を認識する者も多かった。その考えによれば、投資効率が下がる一方で、かつ社会の高齢化が急速に進み生産年齢人口が一二年より減少し始めるという状況の下において、改革とイノベーションによって生産性を上げなければ中国経済は早晩行き詰まる。温家宝総理も、その立場から繰り返し寡占体制の改革を訴えた。

国務院は、一〇年には寡占部門の企業利潤と従業員の給料が高過ぎることを槍玉に上げ、民間資本の導入を主張した。また一一年には高額なブロードバンド使用料を問題視して、物価抑制という筋から通信業界への独占禁止法の適用を狙った。だが、いずれも既得権益者の抵抗にあって実現しなかった。

経済改革を阻んでいるのがイデオロギー墨守の左派や既得権益者であるならば、鄧小平が一九八六年に喝破したように、経済改革の貫徹のためには抵抗勢力を排除する政治改革が必要となる。政治改革については、八九年の第二次天安門事件以降、民主選挙による村民委員会(村役場)選出制度の導入を除いて目ぼしい進展はなかった。一一年三月、呉邦国全人代常務委員長は、「国家の根本制度等重大な原則問題については動揺してはならない。動揺すれば、国家は内乱の深い淵に陥る可能性がある」と述べた。具体的には、複数の政党が交代に執政することは認めないし、指導思想の多元化もしない、三権分立、二院制、そして連邦制も実施しないし、また、私有化もしないと呉邦国は述べ、政治改革をほぼ全面的に否定した。

それに対し温家宝は、政治改革について積極的な発言を繰り返した。例えば、一一年三月の全人代閉幕後の定例総理記者会見において、その数日前に行われた呉邦国の発言とはまったく異なる考えを打ち出した。「政治体制改革は経済体制改革の保障である。政治体制改革がなければ、経済体制改革は成功せず、すでに得られた成果も失われる危険がある」「人民の不満を解決し、人民の願いを実現するには、人民に政府を批判させ、監督させなければならない」「所得分配の公平を実現し、所得格差の拡大を徐々に減らすだけでなく、教育、医療などの資源分配の不公平を解決し、人民に改革開放の成果を共有させるべきだ」。温家宝は総理、すなわち経済の責任者として、国民の不平不満や利害の衝突についてよく承知する立場にあり、政治改革の緊要性を理解していた。それは、一九八〇年代に趙紫陽が政治改革を推進した事情と同じであった。

温家宝．2011年3月，全人代閉幕後の記者会見にて(写真提供：ロイター／アフロ)

普遍的価値論争

中国モデルが含意するナショナリズム、そして政治改革とも絡むのは、普遍的価値が存在するのか否かという論争であった。その焦点は、人権という概念に普遍性があるのかという問題である。中国は、社会権にかかる国連人権規約Aを批准し、自由権にかかる国連人権規約Bについても署名を済ませている。〇八年五月に胡錦濤が来日した際、福田康夫首相と署名した新しい日中共同声明には、日本の提案に中国も同意して、「国際社会が共に認める基本的かつ普遍的価値の一層の理解と追求のために緊密に協力する」という印象的な一節が入った。また一一年一月、胡錦濤が公式訪米し、オバマ大統領とともにホワイトハウスで記者会見に臨んだ際にも、「人権には普遍性がある」と明言した。

ところが、イデオロギーと教育およびメディアを統轄する中央宣伝部系統の機関やその幹部たちは、〇八年以降、普遍的価値は存在しないという立場を次第に鮮明にした。すなわち、人権は西洋的な価値に過ぎないが、西洋人が普遍的価値だと称して中国に押し付けようとしているのであり、中国を否定するものだという。中国社会科学院の院長がそう明言したばかりか、中国共産党の機関紙である『人民日報』や、機関誌である『求是』などに、日本の文科省に相当する教育部などが論文を出して、普遍的価値を否定する議論を展開した。

総書記の言葉と中央宣伝部の主流の言説との間の矛盾は、民主集中制を組織原則とする中国共産党にとって深刻な事態の発生を意味していた。一一年一月の胡錦濤―オバマ共同記者会見を新華社がいかに報道したかといえば、驚くべきことに、その開催を伝え写真は配信したものの、胡錦濤の発言内容の詳細については報じなかったのである。

流動する社会

胡錦濤、温家宝政権は国内において調和のとれた社会の構築を目指したが、皮肉なことに、高度成長は続いたものの、政権が目指した均衡発展が達成されたとは言い難かった。一三年一月の国家統計局の発表によれば、一〇年のジニ係数は〇・四八に達していた(西南財経大学の計算では〇・六一であった)。「富二代、官二代」という言葉が流行し、金持ちの子供が金持ちに、官僚の子供が官僚になる傾向が広く認められた。かつては追求された個人のチャイニーズ・ドリームが、汚職腐敗と縁故主義の深刻化によってしぼんでしまった。コネのない農村出身の学生たちの多くは、卒業後、大学の寮を出て家賃の安い郊外のアパートに集住し、いい仕事を懸命に探すほかはなかった。そうした若者たちは「蟻族《ありぞく》」と呼ばれ、官庁や国有大企業などに職を得た「体制内」と呼ばれる者と対照を成した。

また、社会保障制度や医療制度の整備の遅れ、社会の高齢化、大気、水質そして土壌におよぶ環境汚染の悪化や北部の水不足、繰り返される食品の安全問題、そして拝金主義の蔓延と倫理道徳の衰退などにより、社会の現状への不満と将来への不安が広がった。その結果、富裕層の間では海外脱出を図る移民ブームが起こり、他方では心の平安を求めて宗教を信仰する者が増えた。様々な宗教がおしなべて信者を増やしているなかでも、プロテスタントの数は〇九年の段階で既に一億人に達しているという見積もりもあった。

倫理道徳体系を再構築する上で、儒教をどう扱うかについては党内でも意見の不一致があった。〇六年には胡錦濤が、広く社会を対象にした道徳教育の一環として「八つの栄誉と八つの恥辱」を唱えたが、それは孔子の「仁」を核心とする道徳学説や、孟子、荀子の栄辱論など、中華民族の伝統的な思想と精神を継承し、発展させたものだと中央宣伝部自身が認めていた。自国文化の海外紹介や海外との交流促進を行うブリティッシュ・カウンシルやゲーテ・インスティトゥート等の中国版として〇四年に設立されたのは孔子学院であったし、一一年一月には、天安門広場の横の長安街沿いに高さ九・五メートルの孔子像が立てられた。ところが、同年四月、何の説明もなく、孔子像は突然撤去された。斜め向かいの天安門にその肖像画が掛かる毛沢東は封建主義のシンボルである孔子を痛烈に批判している。党内に「孔子アレルギー」が残存していても何ら不思議ではなかった。

社会をいかに管理するか

共産党にとってとくに大きな課題となっているのは、胡錦濤政権期に爆発的に広まったインターネットの管理である。インターネットの普及により一般国民の側が情報発信能力をもちはじめたことで、党幹部の汚職腐敗や権力の濫用が暴露されるようになった。一一年に温州で起きた高速鉄道の追突脱線事故では、「微博《ウェイボー》」(中国版ツイッター、SNS)等を通じて事故の情報が流れるなど、情報管理体制が挑戦を受ける事態も現れた。こうした事態に対し共産党は、一件につき五毛(〇・五元)の報酬で当局擁護の発言をネットに書き込む「五毛党」を雇ったり、グレート・ファイアウォールと呼ばれるインターネット検閲システムを導入して、都合の悪い情報の流通をチェックしたりして、管理体制の強化に取り組んでいった。

だが、流動化する社会を安定させる方法について、党内の意見は必ずしも一致していなかった。胡錦濤によれば、様々な利益衝突が起きているので、訴えの表出や矛盾の調整、人々の権益の保障などを平和的に行うためのメカニズムをもっと整備しなければならなかった。そこで一方では、いわゆる市民社会、すなわち市民や農民の間で自発的に組織される社会組織を活用しようという考え方があった。それに対し、周本順《しゅうほんじゅん》中央政法委員会秘書長（後に河北省党委書記に異動）は『求是』に論文を発表し、「「公民社会」（civil society＝市民社会の漢訳）は、西側が中国のために設計した罠である」と決め付けた。中央政法委員会とは、警察や司法など、治安を司る部門の総元締めである強力な党機関である。ここに表明された西側の陰謀説は、〇八年のチベット暴動、〇九年のウルムチ暴動といった少数民族問題の暴発に際しても、党内でまことしやかに語られた。そこには、排外的なナショナリズムを援用することによって、自分の立場や政策、そして現行システムを守っていこうとする一部の傾向を見出すことができよう。

いわゆる少数民族問題の根底には、民族自治が名ばかりであり、実質的には漢族の支配の下に置かれている状況への少数民族の不満がある。漢族の側からすれば、大学入試や一人っ子政策で優遇されているほか、多額の経済支援や教育支援を受けている少数民族が「恩」を仇で返すことに納得がいかない。だが不満を有する少数民族の側に言わせれば、経済支援で潤うのは主に漢族であり、教育支援とは漢化の強制にほかならないのであった。

3　中国外交の変容と日中関係の急展開

温家宝と胡錦濤の来日

二〇〇六年の安倍訪中は「氷を割る旅（破冰之旅）」と呼ばれたが、以後の数年間、日中間の政府関係は比較的安定していた。〇七年四月の温家宝来日は「氷を融かす旅（融冰之旅）」と称され、温総理は立命館大学で野球を披露したほか、国会で演説し、「日本政府と日本の指導者は何回も歴史問題について態度を表明し、侵略を公に認め、そして被害国に対して深い反省とお詫びを表明しました。これを、中国政府と人民は積極的に評価しています」と語った。不幸な歴史の和解を進める上では、加害者が真摯に謝罪することが必要である。だがそれだけでは不十分であり、被害者による謝罪の受け入れがなければならないのだとすれば、温家宝は勇気ある一歩を踏み出した。

〇八年五月には、胡錦濤が来日した。この年の初めには、中国から輸入された冷凍餃子を食べた人が中毒症状を起こした事件が問題となり、客観性を欠いたバッシング報道がメディアに氾濫したこともあって、中国食品に対する警戒感と中国政府の対応への不満が日本社会で広まっていた。また、春にチベットで暴動が発生し、北京オリンピックの聖火リレーに合わせて世界各地で抗議行動が展開されたが、日本の長野でも四月に、聖火リレーを「守る」ために動員された中国人留学生らと抗議する側との間で衝突が起きた。しかし、胡錦濤はひるまず、その直後に来日し、第四の政治文書といわれる新しい日中共同声明に福田康夫首相と署名した。共同声明では、戦略的互恵関係の包括的な推進に合意すると同時に、日本側は中国の改革開放以来の発展を評価し、中国側は日本の戦後の平和国家としての歩みを評価した。なお、胡錦濤は日本側の招待に応じて七月に再び来日し、北海道洞爺湖において開催されたG8首脳会議アウトリーチ・セッションにも出席した。

五月の来日から胡錦濤が帰国した数日後、四川大地震が発生した。新華社は、収容した遺体を前に日本の救援隊が整列し、頭を垂れて追悼する写真をネット配信したが、それは多くの中国人の感動を呼んだ。六月には、日中両国政府が、東シナ海における共同開発と中国が現有する油ガス田への日系企業の出資に合意した。これは双方に利益をもたらす画期的な外交上の成果だったが、共同開発の地点が沿岸から二〇〇カイリまでの、日中の重なり合う排他的経済水

四川大地震の災害現場で中国の援助隊とともに黙禱を捧げる日本の国際救急援助隊（写真提供：読売新聞社）

域の中間線上にあったことから、中国国内で政府は過大な譲歩をしたとの批判を招いた。排他的経済水域の線引きに関し、日本が中間線原則を主張しているのに対し、中国は大陸棚原則を唱えているからである。国内の批判を受けて、中国側は日本側との共同開発の具体化交渉に入ることを先延ばしにした。

国家海洋局の活動

中国の海洋への関心の高まりは、一九九二年二月、いわゆる領海法（「中華人民共和国領海および接続水域法」）を制定したことに既に現れていた。その制定過程において外交部が作成した草案に対し、中央軍事委員会法制局、総参謀部弁公庁、海軍司令部、そして広州軍区や一部の地方がクレームをつけた。中国の陸地領土として、「釣魚島」（尖閣諸島）の名前が明記されておらず、台湾に付属する島嶼としか書かれていなかったからである。当時、中国は対日関係改善を突破口として第二次天安門事件以降の外交的閉塞状況から抜け出そうとしていたが、結局、人民解放軍を中心とした強硬論が採用されて「釣魚島」の名前も明記された。七八年に来日した鄧小平は、尖閣問題は棚上げにして、次世代の知恵によって問題を解決すればよいと言っていた。だが、冷戦の終了とともに、中国は尖閣問題を「棚から下ろす」意思を示し始めたのである。

その後、中国の国家海洋局は次第に海洋調査船の活動を活発化させ、九六年にはその日本の領海への侵入も始まった。〇一年には、日中間で海洋調査船を派遣するにあたっての相互通報制度がつくられたが、日本側は中国側がその制度を守らないことについてしばしば抗議した。さらに〇六年、国家海洋局は東シナ海権益保護定期巡回制度を定め、〇八年一二月、二隻の監視船が主権を主張する目的で初めて尖閣諸島周辺の領海に侵入し、九時間にわたって徘徊、滞留した。それは、福岡で開かれる日中韓三カ国首脳会合のため、温家宝が来日する数日前のことであった。

尖閣諸島沖漁船衝突事件

一〇年九月、尖閣諸島沖の領海内で違法操業をしていた数多くの中国漁船のうちの一隻が、海上保安庁巡視船の停船命令に応じなかったばかりか、二隻の巡視船に体当たりをして損害を負わせた。海上保安庁は漁船の船長を公務執行妨害で逮捕し、送検した。日本側は他の船員を帰国させ、船は中国側に返還したが、船長については勾留期間を延長した。すると中国側は強く反発し、閣僚級指導者の往来の停止を宣言したほか、上海万博に日本の青少年を一〇〇〇人招いていたのを出発前日に一方的に延期した。また、レア・アースの輸出を事実上停止したうえ、許可なく軍事管理区域を撮影したとして日本人会社員四名を拘束した。結局、那覇地方検察庁は、勾留延長期限が五日残っている時点で、「わが国国民への影響や、今後の日中関係を考慮して」、船長を処分保留で釈放した。

〇九年に日本で民主党政権が誕生して以来、漁船衝突事件の発生まで、中国の対日外交姿勢は総じて融和的であった。鳩山由紀夫首相の東アジア共同体構想への協力

タグボートに誘導されて石垣港に入る中国漁船．手前は海上保安庁の巡視船「よなくに」(写真提供：読売新聞社)

呼びかけに戸惑ったのか、当初は様子見の観もあったが、同年一二月、中国側は対日関係を発展させる機会が訪れたとの判断を下し、東アジア地域における日中協働に積極姿勢を示すようになっていた。そして一〇年三月には、冷凍餃子中毒事件の犯人逮捕を発表した。また、同年五月末に来日した温家宝総理は、東シナ海資源開発に関する合意を履行したいと述べ、両国は国際約束締結交渉を始めることとなった。事件はこうした状況のなかで発生したが、なぜ船長

が船をぶつけてきたのか等、この事件に関しては依然として謎が多い。

船長が釈放されて三週間ほど経った一〇月半ば、内陸のいくつかの都市でショートメールを通じた反日デモへの参加呼びかけが行われた。都市の名前や記されたデモのルートは異なるが、奇妙なことに、その文面やレイアウトはどれもほとんど同じであった。このことから、デモへの呼びかけは組織立った動きであったと判断されるのに加え、呼びかけ文中の備考欄に「メディアが報道することになる」と記されていたことから、当局が公認ないし黙認した動きであったとも考えられる。ここから、いわば大衆の不満のガス抜きとして、あるいは何らかの政治的な意図をもって、当局の側が仕掛けたデモであったという推測も成り立つ。西安の場合、呼びかけに示された終着点の鐘楼で、デモ隊の一部は解散に同意せず、暴徒と化して近くにあった日系企業の専門店を襲撃するなどの騒ぎが起こった。

外交政策をめぐる綱引き

こうした動きの背景には、外交方針をめぐる党内での綱引きがあった。鄧小平の教えである「韜光養晦」の外交方針を続けるべきだという穏健な考え方がある一方で、「韜光養晦」はもはや時代遅れだとする声が有力になりつつあった。その根拠の一つは、現実に中国の国力が向上し、世界経済を牽引する国として世界的に評価され、頼りにされるようになったことであった。そしてもう一つには、海外の権益が増えたため、それを守れるだけの軍事力を強化しなければならないというリアリズムがあった。こうした強硬な考えの持ち主は、必ずしも軍人だけでなく、外交官や学者の間でも増えていた。

〇九年七月に開催された在外使節会議での胡錦濤の指示は、「堅持韜光養晦、積極有所作為」というものであった。これは論争があるなかで判断を下す際の中国共産党の常套手段で、表面的には玉虫色の指示であった。しかし現実には、積極的に為すべきことを為す、という指示の後段に重きをおいて、自己主張の強い外交が展開されることとなった。その結果、東南アジアではASEAN諸国およびアメリカと、そして東北アジアでは韓国および日本と衝突し、一〇年は中国外交にとって大失敗の年となった。

一一年三月、日本で東日本大震災が発生すると、胡錦濤自らが北京の日本大使館を訪ね、犠牲者に哀悼の意を表した。中国は被災地に救援隊を送ったほか、福島第一原子力発電所の使用済み燃料プールを冷却するための放水車や、ガソリンなどの支援物資を供給した。一二月には艦艇の相互訪問が再開され、日本の護衛艦「きりさめ」が青島に入港した。また同月、野田佳彦首相が訪中し、中国国債の購入や二国間貿易の人民元と日本円での決済の促進等について中国側と合意に至った。

日本政府による尖閣諸島購入

しかし、尖閣諸島沖漁船衝突事件以降、中国の監視船は前より頻繁に尖閣諸島周辺の接続水域や領海に入ってくるようになった。そうした状況下において、一二年四月、ワシントンを訪問中だった石原慎太郎東京都知事は、都が地権者より尖閣諸島を購入する計画があることを発表した。尖閣諸島の五つの島のうち一つはもともと国有だったが、同年九月、平穏かつ安定的な維持管理のためと称し、日本政府は残りの四つの島のうち三つを民間の所有者から購入した。

これに対し、中国政府は尖閣諸島周辺の領海に数日おきに監視船を送り込み始めたほか、中国国内各地での激しい反日デモを容認した。デモ隊の一部が暴徒化した結果、約一〇〇億円と見積もられる直接的な被害が日系企業に生じた。日本製品不買運動への理解を商務部次官が表明し、政府調達では日本製品がまったく購入されない状況となった。また、中国からの旅行客が激減し、日本の観光業は大きな打撃を受けた。さらに、様々な文化交流事業が停止されたり、多方面で日本への人の派遣が取り止めになるなど、影響は広範囲に及んだ。

中国側はなぜ、こうした全面的かつ強硬な対抗策に出てきたのか。それには、党内の不一致と中国社会における党の求心力の低下が関係していたものと考えられる。党内には、日本政府による島の購入について強硬論と穏健論の二つの解釈があった。一つは、それを中国に対する公然たる挑発であり、主権への挑戦であるととらえ、もう一つは、日本政府が島を買ったのは石原都知事の購入を阻止して状況を鎮静化させ、事態を収めるためだと解釈した。人民ネットの記者にインタビューされた人民解放軍の将軍は、自分は後者の見方をとると語ったほか、外交部に属する中国国際問題研究所の所長も、島の購入は主権と無関係だという趣旨の発言をしていた。

しかし、胡錦濤をはじめとする指導部が強硬な対応を取ると決めてからは、中国のメディアは激烈な反日宣伝キャンペーンを開始した。その結果、公の場では異なる意見を言えない社会的雰囲気が醸成された。亀裂の目立ち始めた党内をまとめ、現状への不満と将来への不安を募らせている国民を糾合する上で、対日闘争が短期的には大きな効果を発揮することが示された。さらに、中国の指導部が強硬策をとった背景には、一一月に予定されていた第一八回党大会があった。権力闘争がちょうど佳境に入る時期において、どの指導者であれ、日本に対して弱腰だと受け取られるような言動をとることはできなかったのである。

終章　超大国候補の自信と不安

二〇一二―二〇一四

習近平．その指導のもと中国はどこへ向かうのか（写真提供：ロイター／アフロ）

1　第一八回党大会と習近平政権の成立

薄熙来事件　二〇一二年、第一八回党大会が開催されて習近平政権が誕生した年に、中国共産党を揺るがす大きなスキャンダルが明るみに出た。いわゆる薄熙来《はくきらい》事件である。その発端は、同年二月、薄熙来重慶市党委書記の側近であった王立軍《おうりつぐん》という副市長が、三〇〇キロ以上離れた四川省成都市にあるアメリカ総領事館に亡命を求めて駆け込んだところから始まった。薄熙来の妻が起こした英国人ビジネスパートナーの殺人事件をめぐり、薄と王の間に矛盾が生じたことが原因であった。結局、王は国家安全部の副部長によって北京に連行された。八月、薄の妻は殺人のかどで執行猶予付の死刑判決を受けた。

薄自身は三月の全人代閉幕直後に職務を解任され、九月には党籍を剝奪された。その後、一三年八月から一〇月にかけて開かれた裁判において、薄は遼寧で勤務した時代の収賄と横領、それから重慶での妻の事件にかかわる職権乱用の罪で無期懲役の判決を受けた。

これは、どこにでもある汚職腐敗案件ではなかった。薄熙来は政治局委員も務め、かつ秋の党大会で政治局常務委員会入りを狙う大物であった。さらに、革命元老の一人で鄧小平の改革開放を支えた薄一波元副総理の長男であり、スマートな太子党の典型として、大連市長、遼寧省長、商務部長と出世の階段を順調に上ってきた。そして重慶においては、得意の外資誘致を進める一方、低所得者用住宅の建設や「唱紅打黒《しょうこうだこく》」(革命歌を歌い暴力団をつぶす)政策を進めた。重慶モデルと呼ばれた一連の施策は左派の色彩を帯び、重慶市の財政を大赤字にする一方で、市場化のもたらした社会のひずみを批判する人々に強く支持された。温家宝総理は、薄熙来が党委書記を解任される前日の記者会見で、文化大革命が再現する可能性について語っていた。この事件は、権力闘争に加えて路線闘争の要素をもはらんでいたのである。

党大会人事　第一八回党大会は、党のトップである総書記も交代する一〇年に一度の機会であった。もともと一二年後半に開かれると発表されていたが、夏を迎えてもなかなか開かれる気配がなく、九月の最後のウィークデーになってやっと一一月八日からの開催期日が発表された。なぜこれほど開催が遅れたのか。同年には薄熙来が失脚したのみならず、九月一日、胡錦濤の側近である令計画《れいけいかく》が実質的に降格させられるなど、激しい政治的な駆け引きがつづき、なかなか新指導部の陣容が決まらなかった可能性が高い。もはや中央指導部に中核はなく、抜きん出た指導者が不在の状況で、最後まで人事をめぐる綱引きと取り引きが行われていた模様であった。大会開催四日前の、第一七期中央委員会最後の総会では二人の中央軍事委員会副主席を補充することが決定され、数日の間、文民の習近平をも数えると五名の副主席が並び立った。後に明らかになる、徐才厚副主席をめぐるスキャンダルと何らかのかかわりがあった可能性もあるが、説明に窮する異常な事態であった。

諸々の勢力の間でせめぎ合いがあったことは、「民主推薦」についての報道の仕方からも見て取れた。〇七年の前回党大会の際には、それを六月に実施したことがその直後に報道されていた。ところが今回は、五月に実施したと報じたのは在外メディアのみであった。そして半年後に開かれた党大会の後、初めて公式報道があり、先の報道が正しかったことが明らかにされた。なぜ今回はそれを秘密にしておかなければならなかったのか。やはり薄熙来事件の衝撃が大きく、党内が大きく揺れるなかで、敏感な問題については発表しないという革命政党の秘密主義の伝統が作用したのではないかと思われる。

新政権の陣容だが、前期からの政治局常務委員である習近平と李克強の方が、新規常務委員の面々よりずっと若いという結果になった。中国人の間で広く信じられているところでは、李克強を除くいずれのメンバーも江沢民元総書記と関係が近く、太子党も多い。張高麗《ちょうこうれい》の場合は石油部門の出身だが、同部門出身者の人脈の頂点にいるのが江沢民の側近であった曽慶紅だとされている。こうした人事配置から、今次の権力闘争において胡錦濤はかなり押し込まれたと

第18期中央政治局常務委員会(年齢は党大会時)

習近平(59)総書記，中央軍事委主席，国家主席．太子党
李克強(57)国務院総理．共青団系
張徳江(66)全人代常務委員長．江沢民系
兪正声(67)政治協商会議主席．太子党
劉雲山(65)書記処書記，中央精神文明建設指導委員会主任
王岐山(64)中央規律検査委書記．太子党
張高麗(66)国務院副総理．石油派

新規委員はすべて非共青団系かつ高齢で1期のみ務めることになる．人員が9名から7名に減ったのは，中央政法委の降格が一因(その書記はヒラの政治局委員に)

いう見方がある。江沢民は党大会の開幕式にも閉幕式にも出席し、胡錦濤の隣に座って存在感を示した。北京の中国人の間でも、人事をめぐる江沢民の強引さが語られた。

胡錦濤の退任

党大会では、中央軍事委員会主席の地位を胡錦濤が保つのかどうかという問題に注目が集まった。事前には、一〇年前の江沢民同様、留任するだろうという見方が強かった。だが、結局のところ、胡錦濤は総書記のみならず中央軍事委員会主席の座も習近平に譲って完全引退することとなった。

これをどう解釈するか。制度のありようを基礎に中国政治をとらえる「制度学派」からすれば、当然のことである。「党が鉄砲を指揮する」ことは中国共産党の重要な原則であって、総書記を辞めて一介のヒラ党員になる胡錦濤が、中央軍事委員会において党のトップである習近平の上に立つのはおかしい。他方、権力闘争を軸として中国政治をと

習近平と胡錦濤．2012 年 11 月，第 18 回党大会にて（写真提供：Landov/アフロ）

らえる「闘争学派」からすれば、胡錦濤は中央軍事委員会主席を続けたかったのだが、力が弱いために押し切られたことになる。実は、もう一つの見方もある。会社の人事にたとえれば、潔く完全に引退することによって、「名誉会長」となる江沢民の影響力を完全にシャットアウトしようという、「新会長」胡錦濤の「新社長」習近平に対する配慮だとする解釈である。

おそらく、上記のいずれの要素もあったのであろう。ただ、いずれにせよ、まだ「中央指導部の中核」とは呼ばれなかったものの、習近平は当初から軍権をも併せもつ総書記として仕事を始めることができた。

習近平と『ゴッドファーザー』

時を少し遡れば、二月の王立軍事件の直後、習近平はかねてからの予定どおり訪米して、オバマ大統領との会談後、アイオワ州を訪ねた。そこで二七年前にホームステイをした農家へ行き、思い出話をしたなかに、「昔ここに、好奇心の強い女の子がいて色々なことを尋ねられた」という話があった。その子にアメリカの映画を観たことがあるかと聞かれ、「『ゴッドファーザー』を観た」と答えたのだと、習近平は述懐した。

この話には、特別な意味がこめられていた可能性もあろう。いずれの組織においてもリーダーは厳しい権力闘争を勝ち抜いて、全体を統制する権威と権力を打ち立てなければならない。そういうゴッドファーザー的な存在に自分がなれるかどうか、そこが肝心だということはよくわかっている。その後の事態の展開を思えば、そのような習近平の覚悟がうかがえる発言だったとも解釈できる。

2　習近平政権の内政面での方向性

三つの責任

二〇一二年一一月一五日、第一八期一中全会が開かれ、政治局やその常務委員会のメンバー、そして総書記が選出された。その後、習近平は記者会見に臨んで「就任演説」を行った。そこで語られたのは、三つの責任についてであった。

第一に挙げたのは、民族への責任である。習近平は、自分たち政治局常務委員の責任は団結して全党全国各民族の人民をリードし、歴史のバトンを受け継いで中華民族の偉大な復興のために引き続き奮闘努力していくことだ、と述べた。民族への責任について語った箇所が分量も一番多く、最初に出てきたことでも注目された。前の政権と同じ程度、あるいはそれ以上に、ナショナリズムに依拠して国をまとめていくことを印象づけた就任演説であった。

第二に提起したのは、人民への責任である。その内容は以下の通りであった。われわれの責任は、団結して全党全国各民族人民をリードしていくことである。思想の解放を引き続き行い、改革開放を堅持し、社会の生産力を不断に開放し発展させる。大衆の生産および生活上の困難を解決する。そして、共同富裕の道をしっかりとぶれることなく歩いていく。政治改革への言及はなかったが、平易な言葉で民生向上を唱えたことは国民からも歓迎された。

第三に述べたのは、党への責任である。ここで注目されたのは、党内に様々ある深刻な問題を率直に認めたことであった。汚職腐敗、大衆からの乖離と遊離、形式主義、官僚主義など、それらの深刻な問題を率直に認めて列挙した部分は、国内で高く評価された。

「中国の夢」

「就任演説」から二週間後、習近平は新しい常務委員会のメンバーを率いて国家博物館を訪れ、「復興の道」という展示を参観した。近代以来、中国が様々な困難を乗り越え、共産党の領導の下に立派な国になったという展示を前に習近平は演説し、中華民族の偉大な復興を実現することが中国の夢(「中国夢」)であると強調した。その後の宣伝キャンペーンによって、「中国夢」は政権のシンボルマークとなった観がある。

ただ、「中国夢」はこのとき初めて登場した概念ではなかった。実は、『中国夢――ポスト米国時代の大国思考と戦略的位置付け』というタイトルの本が一〇年初めに出版されている。著者の劉明福《りゅうめいふく》は、上級大佐の国防大学教授であった。その内容は、中国の時代が来た、中国はアメリカを凌ぐ世界ナンバーワンの国になり、中国的な価値が世界を席巻する、そのために軍事力を強化しなければならない、という国粋主義的なものであった。

中国社会の大きな問題の一つは、縁故主義が蔓延して、いくら努力してもコネがなければ世の中で成功できない、良い会社に入れないし、会社に入っても出世できないといった、個人としてのチャイニーズ・ドリームが萎んでしまったことであった。そこでチャイニーズ・ドリーム（中国人の夢）に代わって、国家としてのチャイナ・ドリーム（中国の夢）が、人々の心に空いた隙間に吹き込まれた。それはすなわち、国家が世界チャンピオンになることにより、たとえ個人の夢が実現できずとも幸福感を味わうことができるというナショナリズムの物語であった。

腐敗退治

政権発足後、目に見える形で成果が上がったのは第三の責任、すなわち「党への責任」として語られた、大衆からの乖離や汚職腐敗を正すことであった。一つには、幹部の規律を強化し、豪華な宴会や贈答品のやり取りを禁止した。中央巡視グループを地方に派遣して規律が守られているか実地検査させたほか、毛沢東時代のように批判と自己批判を行う民主生活会を各レベルの党組織に開かせた。習近平は自ら河北省に出向いて、周本順が書記を務める省党委員会の民主生活会に出席した。

そしてもう一つは、位の高い幹部にまで汚職腐敗追及(「虎退治」)の手を伸ばしたことである。石油部門の出身であり、前の政治局常務委員で中央政法委書記を務めていた周永康《しゅうえいこう》のかつての部下たちを次々と解任したのにつづき、一四年七月末には、周本人をも立件、審査すると決定した。その一カ月前には、徐才厚前中央軍事委副主席が収賄のかどで、周のかつての部下二名とともに党籍を剝奪されたばかりであった。習近平は、中央規律検査委員会書記に就任した太子党の王岐山《おうきざん》とともに、覚悟を決めて「虎退治」に臨んでいる。

権力の集中　習近平政権の特徴は、政権発足後も習近平への一層の権力の集中が進められたことであった。そのことは、一三年一一月に開かれた第一八期三中全会で如実に示された。まず、三中全会では今後一〇年の改革の青写真が決定された。そこで発表された三中全会決定起草組の組長は習近平であり、総理である李克強ではなかった。そればかりか、副組長は思想宣伝担当の劉雲山《りゅううんざん》と常務副総理の張高麗であり、李克強の影すらなかった。その一〇年前の第一六期三中全会決定の起草に当たって温家宝が組長を務めたのとは対照的である。総理就任以来、李克強の経済運営は、日本のアベノミクスをもじって「リコノミクス」(「李克強経済学」)とメディアに呼ばれていたが、三中全会以降、その呼び方は影を潜めた。

また、やはり三中全会以降、部門横断型の組織がいくつも新設され、習近平はそのすべてのトップの座に就いた。中国版ＮＳＣともいえる中央国家安全委員会、三中全会で示された多方面での改革を総合的にリードする全面深化改革領導小組、軍事に関する改革を司る中央軍事委員会深化国防・軍隊改革領導小組、そしてインターネットを管理する中央インターネット安全・情報化領導小組などである。たしかに縦割り行政は中国の官僚制の宿痾であり、部門間協調を図る制度が必要ではあった。しかし、それと同時に、このような組織の新設は習近平にとって権力基盤を固めるよい機会となった。

幹部の規律強化や「虎退治」に一般国民は快哉を叫んだが、党内やビジネス界には戸惑いも広がった。追及の手がどこまで伸びるのか、予測がつかなかったからである。汚職腐敗対策をやり過ぎると、幹部の積極性が損なわれるほか、経済活動にも影響が出るといわれた。実際、いくつもの高級料理店が店を閉じ、連座を恐れて海外に脱出する準備を進める企業家もいた。

改革か保守か

また、習近平が制度改革にどこまで踏み込むのかは、必ずしも明瞭でなかった。全面的に改革を深化させるとした三中全会決定について、一方では、高く評価するエコノミストも多かった。だが、温家宝がその必要性について繰り返し語っていた国有企業寡占体制の打破や分配制度の改革については、表面的な改革案の提示にとどまっており、いわば制度改革の本丸に迫っていないようにも見受けられた。

経済改革を貫徹するためにはどうしても必要だと、かつて温家宝が述べた政治改革については、大きく矛盾する信号が発せられていた。一二年一二月の演説では、習近平は「憲法の実施を保障する監督の仕組みと具体的制度がまだ不備で、法律があっても従わず、法の執行が厳格でなく、違法行為を追及しないといった現象が依然みられる」ことを批判し、「憲法はすべての公民が遵守すべき行動規範であるだけでなく、公民の権利を保障する法的な武器でもあることを多くの人民に認識させなければならない」と述べていた。ところが、一三年以降、習は憲政に対する中央宣伝部の批判を容認したばかりか、憲法に保障された権利の擁護や実現を訴える弁護士や活動家を次々に逮捕した。

習近平の物言いやふるまいは、鄧小平というよりも毛沢東の時代を彷彿させる。例えば一三年一月、習は、新しい中央委員会のメンバーたちに向けて行った講話において次のような戒めの言葉を述べた。改革開放の前後の時代を対立するものととらえてはならない。改革開放後の歴史的時期を用いて改革開放前の歴史的時期を否定することも、改革開放前の歴史的時期を用いて改革開放後の歴史的時期を否定することもしてはならない。これは、文化大革命を完全に否定して改革開放に乗り出した鄧小平とはかなり異なる考え方である。

鄧小平は、右も左も社会主義を滅ぼすことができる、中国は右を警戒しなければならないが、主には左を防止することだと南方談話の中で言い残している。それに対して習近平は、文革の頃を振り返り、「七年の上山下郷の経験からは浅からぬ収穫を得た。大衆と割合に深い情誼を結び、成長と進歩のために比較的よい基礎を築いた」と述べている。鄧小平や習仲勲の世代とは異なり、習近平にとって文革は、困難を乗り越えた成功体験として記憶されているのである。

3　習近平政権の外交面での方向性

対米関係の重視

二〇一三年三月、習近平が国家主席に就任して最初に訪問した国はロシアであった。アメリカ主導の国際秩序に時に挑戦する国として、中国とロシアは戦略的なパートナーであった。二〇一〇年、ASEAN諸国が東アジアサミットへのアメリカの参加を呼びかけ、アメリカがアジア回帰政策をもってそれに応えたことに対し、中国は強い反発を示していた。

習近平とオバマ．2013年6月，米中首脳会談の合間にて（写真提供：Photoshot/アフロ）

しかし、中国が対米関係を軽視したわけではない。「韜光養晦」政策は、アメリカに対してだけは続けられた。そして、一二年二月の副主席としての習近平訪米以降、中国はアメリカに対して新型大国関係の構築を本格的に呼びかけていった。それは、一三年六月、カリフォルニア州サニーランズで開かれた米中首脳会談でも同様であった。

中国側によれば、新型大国関係の内容は三点に整理できる。すなわち、①対抗せず、衝突しない、②相互尊重、そして③ウィン・ウィンの協力である。オバマ政権の考えは、中国との競争を管理し、協力を推進することであったため、①と③には反対ではなかった。問題は、②が互いの「核心的利益」の相互尊重を含んでいたことである。〇九年一一月のオバマ訪中の際、アメリカ側は中国の核心的利益が台湾、チベットそして新疆ウイグル自治区への主権の行使だと理解して、共同声明のなかに「核心的利益の相互尊重」を入れることに同意した。ところが、その後になって、南シナ海や尖閣諸島まで核心的利益だと言う者が中国に現れ、アメリカ側は中国の概念をうのみにするリスクについて学んだ。

それでも、アメリカは一三年夏頃、習近平が執心した新型大国関係という概念をいったんは受け入れることにした。同年九月にサンクトペテルスブルクで開かれたオバマ―習会談の冒頭で、オバマ大統領自らがその言葉をそのまま使い、一一月にアジア政策演説を行ったスーザン・ライス大統領補佐官がそれにつづいた。ところが、その数日後、中国が東シナ海における防空識別圏の設定を発表すると、アメリカの警戒感は高まり、その後は新型大国関係という言葉を誰も使わなくなった。

言行の不一致

「民族への責任」を第一にうたい、ナショナリズムを掻き立てる宣伝政策を推進した習近平政権だが、平和発展を旨とする外交方針は相変わらず友好的なものであった。例えば、一三年一〇月に開かれた周辺外交工作座談会で演説した習近平は、「周辺国家とわが国との政治関係がさらに友好的となり、経済の紐帯がさらに堅固になり、安全協力がさらに深化し、人文関係がさらに緊密となるよう努力」すると述べた。近隣外交の基本方針としては、一〇年前からの「隣人とよしみを結び、隣人をパートナーとする」「隣人と睦み、隣人を安んじ、隣人を富ませる」方針を堅持すると語ったほか、習近平自らの発案で

「親、誠、恵、容の理念を突出して体現する」ことをうたった。

ところが、その一カ月後には、中国国防部が東シナ海における防空識別圏の設定を発表した。日本、韓国、台湾はつとに防空識別圏を設定していたが、中国のそれは、尖閣諸島や韓国と係争中の離於島《イオド》（蘇岩礁《そがんしょう》）の上空をも含んでいた。また中国国防部は、自分の領空に向かってくるのではない航空機にまで飛行計画提出を要求することや、指示に従わねば軍事的な防御措置をとることを表明した。これを見たアメリカが、中国は既存の秩序にはっきり挑戦してきたと警戒感を強めたのは、先に述べたとおりである。一四年五月と六月には、中国の戦闘機が日本の自衛隊機に三〇メートルの距離まで接近する「ニアミス」事件を二度起こした。中国の監視船は、一三年一〇月からは約二週間に一度の頻度で、尖閣諸島の領海に侵入する挑発的な行動を続けている。

一三年一〇月にインドネシアの国会で演説した習近平は、「領土主権と海洋権益に関する中国と一部の東南アジア諸国との不一致や紛争については、平和的な解決が求められるべきであり、不一致や紛争は、二国間の結びつきや地域の安定という全体利益の実現のために、対等な立場での対話と友好的な協議を通して適切に処理されるべきである」と述べていた。ところが、そう述べる一方で、一四年より、海南省は南シナ海で操業する外国漁船は同省の許可を得なければならないと定めたほか、同年五月には、数隻の軍艦を含む八〇隻の船舶に守られて、巨大石油掘削リグが西沙諸島沖において掘削を開始し、抗議するベトナムの船との間で激しい衝突が繰り返された。

三つの仮説

ソフトな言葉とハードな行動の齟齬はなぜ生じるのか。第一の仮説は、部門間の協調が不足していたことである。外交部は、どちらかといえば友好的な姿勢をとりがちであるのに対し、中央宣伝部は強硬な対外姿勢をとることが多い。それに加え、近年の新しい対外政策のアクターである軍や石油部門は、まず行動して既成事実の形成や利益の確保を図る傾向がある。本来は、中央国家安全委員会が協調の機能を果たすべきだが、新設されたばかりでまだスムーズに運営されていない様子であった。

第二の仮説は、自己認識の不足である。すなわち、国力をつけた中国は自己中心的な認識しかできない「大国症候群」にかかっており、自分の言行不一致にそもそも気づいていない可能性があった。例えば、「周辺外交」という言い方からして、自らの中心性を当然の前提としていることの表れだと考えられた。習近平の演説にしばしば登場する、「中華民族の血液には他国を侵略し覇を称えるDNAはない」という自己認識も、他国から見れば自分を客観視できない証左であった。

一五世紀初めに大船隊を率いて何度も東南アジアからアフリカまで航海した鄭和《ていわ》は、後のヨーロッパの帝国主義者のように領土の占領や資源の強奪をしなかったことから、中国の平和的な海洋進出のシンボルとされている。だが、朝貢秩序に入ることを拒絶したセイロンの王の一族は、鄭和に生け捕りにされ中国に連れ去られてしまい、スリランカの国立博物館の展示には「われわれは鄭和に侵略された」と記されている。

第三の仮説は、異なる政策目標の優先順位が整理されておらず、みなが同時に追求されるので言行が一致しないとする。直近の目標としては、深刻な意見の不一致が見られる党内を統一し、現状への不満と将来への不安を募らせる国民をまとめていくことがある。それを達成するためには、日本をはじめとする近隣国との闘争が一番手っ取り早く、かつ有効である。しかし、共産党の支配の正統性のためには、何といっても平和と繁栄が必要であり、そのためには日本をはじめとする近隣国との協力が有用かつ必要である。

中国の国力が伸長するにつれて、長期的な目標として東シナ海と南シナ海、さらには西太平洋での支配の確立を目指す者が中国国内では増えているが、それを実現するには日本を押さえつけ、アメリカを追い出す必要がある。習近平は、「太平洋には中米両国を受容するのに十分な空間がある」と繰り返し語っているが、これは要するに、半分ずつ勢力圏にすればよいではないか、と言っているようにも聞こえないわけではない。

政策目標の優先順位は、中国の国内状況に左右される部分が大きいだろう。習近平は太子党に支えられ、王岐山中央規律検査委員会書記を右腕として汚職腐敗の取締りを強力に進めた。一四年上半期だけで、贈収賄で検察に立件された者は二万五〇〇〇人を超え、その数は前年同期に比して五・四％増加した。確かに、一般国民にとって、党幹部や企業家が汚職腐敗を暴露されて失脚したり派手な宴会を禁止されたりするのは胸のすく出来事であった。だが、汚職腐敗を防止する制度変革が行われないかぎり、取締りの手を緩めた途端に元の木阿弥になることは容易に予測される。また、取締りが権力闘争がらみであることから、徹底してやらないとかえって政治が不安定化することになりかねない。覚悟を決めて取り組んだ「虎退治」は、まさに騎虎の勢いと化している。

経済改革も、どこまで徹底してやれるのだろうか。国有企業寡占部門に民間企業の参入を認めるだけでは不十分だが、果たして封建的エリート主義を体現したような太子党に国有企業の解体や分配制度の改革ができるだろうか。政治改革によって血統主義と既得権益を一掃することなくして、やはり経済改革の貫徹はできないのではないか。

確かに、太子党は「紅二代《こうにだい》」とも言われるように一般的に革命の理想を重視するのではあるが、開発主義にのっとって経済を活性化させないと支配の正統性を失うことも承知している。薄熙来が重慶で実践したように、経済の改革と開放を進めつつ、革命精神を喚起して人々の気持ちを一つにまとめることが多くの太子党の理想なのであろう。権力の独占の下で市場化が進んだ結果、社会矛盾が高じて開発主義のみでは人心を収攬できなくなり、「紅二代」は革命回帰やナショナリズムを国民統合の手段として用いているのである。

しかし、長年の開発主義政策によって社会は大きく変化し、中国の発展とグローバル化は相互作用を起こしている。大衆路線や情報統制といった革命時代の発想と手法で、インターネット時代の国民を統治することには限界がある。共産党の統治手法に対する国民の違和感は、教会や十字架が破壊されたり、土地の強制収用が行われたりするたびに強まっていく。経済成長が減速を続ければ、やがて保守／国粋主義と、改革／国際主義の綱引きが激しくなるだろう。「紅三代」は普遍的価値を否定する習近平はいまのところ前者に肩入れしているように見えるが、「紅三代」は不在であり、豹変する君子がいずれ現れないとも限らない。

おわりに

いまの中国はとにかく変化が速い。大学で現代中国について教えていても、気をつけないと昨年、昨月、いや昨日教室で語った事情がもう変わっていたりする。本書も校了直前になって周永康が立件、審査されるという新華社電が飛び込んできた。

執筆に当たってはとくに、最近の事情について性急な判断を避け、後世の検証に耐えるような記述を心がけたつもりではあるが、今後もまた何が起こるかわからない。われわれのまだ知らない様々な事実が明らかになる可能性もある。現代中国について本を書くことは、研究者にとって実に危険を伴う仕事だと言うほかはない。限られた資料と時間を使って書き終えた後は、読者の厳しい批判を待つばかりである。

著者の執筆分担だが、二人で各章のラフなスケッチに合意した上で、前田が1章から3章までを執筆し、高原が「はじめに」、4章、終章、「おわりに」を執筆して最後に全体を確認した。紙幅の都合もあり、またかなりの突貫作業になったため、触れるべきなのに落ちている事項もあるが、その責任は高原にある。また、執筆に当たって多くの先行研究を活用した。新書の性格上、注を付けて出典を記すことができなかったが、一部は参考文献として巻末に記した。だが、すべてを挙げることができたわけではなく、その点についてもご容赦願うほかない。

最後になるが、編集を担当した永沼浩一氏の忍耐力と叱咤激励なくして本書は刊行に至らなかった。ここに記して厚く御礼申し上げたい。

二〇一四年七月

高原明生
前田宏子

岩波新書新赤版一〇〇〇点に際して

ひとつの時代が終わったと言われて久しい。だが、その先にいかなる時代を展望するのか、私たちはその輪郭すら描きえていない。二〇世紀から持ち越した課題の多くは、未だ解決の緒を見つけることのできないままであり、二一世紀が新たに招きよせた問題も少なくない。グローバル資本主義の浸透、憎悪の連鎖、暴力の応酬——世界は混沌として深い不安の只中にある。

現代社会においては変化が常態となり、速さと新しさに絶対的な価値が与えられた。消費社会の深化と情報技術の革命は、種々の境界を無くし、人々の生活やコミュニケーションの様式を根底から変容させてきた。ライフスタイルは多様化し、一面では個人の生き方をそれぞれが選びとる時代が始まっている。同時に、新たな格差が生まれ、様々な次元での亀裂や分断が深まっている。社会や歴史に対する意識が揺らぎ、普遍的な理念に対する根本的な懐疑や、現実を変えることへの無力感がひそかに根を張りつつある。そして生きることに誰もが困難を覚える時代が到来している。

しかし、日常生活のそれぞれの場で、自由と民主主義を獲得し実践することを通じて、私たち自身がそうした閉塞を乗り超え、希望の時代の幕開けを告げてゆくことは不可能ではあるまい。そのために、いま求められていること——それは、個と個の間で開かれた対話を積み重ねながら、人間らしく生きることの条件について一人ひとりが粘り強く思考することではないか。その営みの糧となるものが、教養に外ならないと私たちは考える。歴史とは何か、よく生きるとはいかなることか、世界そして人間はどこへ向かうべきなのか——こうした根源的な問いとの格闘が、文化と知の厚みを作り出し、個人と社会を支える基盤としての教養となった。まさにそのような教養への道案内こそ、岩波新書が創刊以来、追求してきたことである。

岩波新書は、日中戦争下の一九三八年一一月に赤版として創刊された。創刊の辞は、道義の精神に則らない日本の行動を憂慮し、批判的精神と良心的行動の欠如を戒めつつ、現代人の現代的教養を刊行の目的とする、と謳っている。以後、青版、黄版、新赤版と装いを改めながら、合計二五〇〇点余りを世に問うてきた。そして、いままた新赤版が一〇〇〇点を迎えたのを機に、人間の理性と良心への信頼を再確認し、それに裏打ちされた文化を培っていく決意を込めて、新しい装丁のもとに再出発したいと思う。一冊一冊から吹き出す新風が一人でも多くの読者の許に届くこと、そして希望ある時代への想像力を豊かにかき立てることを切に願う。

（二〇〇六年四月）

高原明生

1958年神戸市生まれ．1981年東京大学法学部卒業．サセックス大学大学院博士課程修了．現在，東京大学名誉教授，東京女子大学特別客員教授．専攻は現代中国政治．著書：*The Politics of Wage Policy in Post-Revolutionary China*(Palgrave Macmillan)，『毛沢東，鄧小平そして江沢民』(共著，東洋経済新報社)，『日中関係史 1972-2012 I 政治』(共編，東京大学出版会)，『日中関係史』(共著，有斐閣アルマ)ほか

前田宏子

神戸市生まれ．1996年大阪大学法学部卒業．1999年京都大学大学院法学研究科修了．現在，住友商事グローバルリサーチ・シニアアナリスト．専攻は中国外交・安全保障政策．著書：『中国の統治能力』(国分良成編，分担執筆，慶應義塾大学出版会)ほか

開発主義の時代へ 1972-2014
シリーズ 中国近現代史⑤　　岩波新書(新赤版)1253

2014年8月20日　第1刷発行
2025年1月15日　第3刷発行

著　者　高原明生《たかはらあきお》　前田宏子《まえだひろこ》

発行者　坂本政謙

発行所　株式会社 岩波書店
〒101-8002 東京都千代田区一ツ橋 2-5-5
案内 03-5210-4000　営業部 03-5210-4111
https://www.iwanami.co.jp/

新書編集部 03-5210-4054
https://www.iwanami.co.jp/sin/

印刷・三陽社　カバー・半七印刷　製本・中永製本

ISBN 978-4-00-431253-6　Printed in Japan

人名索引

た 行

な 行

は 行

ま 行

や 行

事項索引

さ 行

た 行

な 行

わ 行

略年表

1971年	9 林彪事件．10 キッシンジャー秘密訪中．国連加盟．
1972	2 ニクソン大統領訪中．9 田中首相訪中．日中共同声明．
1973	1 四三方案決定．3 鄧小平，政界復帰．国務院副総理就任．
1974	1 江青ら「林彪と孔孟の道」発表．
1975	1 鄧小平，中央軍事委副主席・人民解放軍総参謀長・党副主席・政治局常務委員・国務院第一副総理就任．周恩来「四つの現代化」再提起．11「水滸伝」批判．
1976	1 周恩来死去．4 第一次天安門事件．鄧小平失脚．9 毛沢東死去．10「四人組」逮捕．華国鋒，党主席・中央軍事委主席就任．
1977	7 鄧小平，政界復帰．8 第11回党大会．
1978	2 国民経済発展十カ年規画要綱．4 中国漁船が多数，尖閣諸島付近領海を侵犯．8 日中平和友好条約調印．10 鄧小平訪日．11 中央工作会議．12 第11期三中全会．
1979	1 米中国交正常化．鄧小平訪米．2 中越戦争．4 米議会，台湾関係法採択．
1980	8 趙紫陽，総理就任．
1981	1 日独などとのプラント建設停止．6 胡耀邦，党主席就任．
1982	5 趙紫陽訪日．7 対日歴史教科書問題．8 米中共同コミュニケ．9 第12回党大会．胡耀邦「独立自主外交」提起．党主席制廃止．
1983	2 利改税導入．9「外資利用工作の強化に関する指示」．10 精神汚染反対運動．11 胡耀邦訪日．
1984	2 鄧小平，第一次南方視察．10「経済体制改革に関する決定」．
1985	8 中曽根首相，靖国神社公式参拝．
1986	9 精神文明決議．11 中曽根首相訪中．
1987	1 胡耀邦失脚．10 第13回党大会．趙紫陽「社会主義初級段階論」．「一つの中心，二つの基本点」提唱．11 趙紫陽，総書記就任．
1988	1 李登輝，台湾総統就任．
1989	4 胡耀邦死去．5 ゴルバチョフ書記長訪中．6 第二次天安

	門事件．趙紫陽失脚．江沢民，総書記就任．11 江沢民，中央軍事委主席就任．12 冷戦終結．
1990年	9 北京アジア競技大会．
1991	4 朱鎔基，副総理就任．8 日本，対中経済制裁解除．12 ソ連解体．
1992	1-2 鄧小平，第二次南方視察．2 領海法制定．10 第14回党大会．「社会主義市場経済体制の確立」規定．天皇訪中．
1993	3 江沢民，国家主席就任．11「社会主義市場経済体制確立の若干の問題に関する中共中央の決定」．分税制導入決定．
1994	8 愛国主義教育実施綱要．
1995	1 江沢民，対台湾八項目提案．6 李登輝訪米．7 中国海軍，台湾沖でミサイル発射訓練．
1996	3 台湾，初の総統直接選挙．4 日米安保共同宣言．7 中国，地下核実験実施．
1997	2 鄧小平死去．7 アジア金融危機．香港返還．9 第15回党大会．日米防衛協力のための指針．10 江沢民訪米．
1998	3 朱鎔基，総理就任．6 クリントン大統領訪中．11 江沢民訪日．日中共同宣言
1999	5 ベオグラード中国大使館爆撃．9 第15期四中全会．11 ASEAN＋3日中韓首脳会談．12 マカオ返還．
2000	2 江沢民「三つの代表」論提示．10 朱鎔基訪日．
2001	6 上海協力機構設立．7 江沢民，私営企業主の入党容認．8 小泉首相，靖国神社参拝．12 WTO加盟．
2002	4 小泉首相，靖国神社参拝．5 瀋陽日本総領事館事件．11 第16回党大会．胡錦濤，総書記就任．江沢民，中央軍事委主席留任．
2003	2 SARS流行．3 胡錦濤，国家主席就任．温家宝，総理就任．8 六カ国協議開催．10 胡錦濤「科学的発展観」提示．
2004	3 魚釣島上陸事件．9 江沢民，中央軍事委主席辞任．
2005	3 反国家分裂法．3-4 各地で大規模な反日デモ．4 連戦国民党主席訪中．5 呉儀副総理，小泉首相との会談キャンセル．9 胡錦濤「和諧世界」演説．

2006年	8 中央外事工作会議．9 陳良宇解任．10 安倍首相訪中．
2007	4 温家宝訪日．10 第17回党大会．習近平と李克強，政治局常務委員就任．
2008	1 冷凍餃子中毒事件．3 チベット暴動．習近平，国家副主席就任．5 胡錦濤訪日．日中共同声明．四川大地震．6 東シナ海開発に関する日中合意．8 北京オリンピック．9 世界金融危機．有人宇宙船「神舟7号」打上げ成功．外貨準備高で世界第1位に．
2009	6 胡錦濤，第1回BRICs首脳会議出席．7 ウルムチ暴動．11 オバマ大統領訪中．
2010	5-10 上海万博．9 尖閣諸島沖漁船衝突事件．12 GDPで日本を抜き世界第2位に．
2011	7 温州で高速鉄道追突脱線事故．
2012	2 薄熙来事件．9 日本政府，尖閣諸島国有化．11 第18回党大会．習近平，総書記・中央軍事委主席就任．「中国の夢」演説．
2013	3 習近平，国家主席就任．6 習近平訪米．米中首脳会談．11 東シナ海に防空識別圏設定．
2014	3 昆明駅で無差別殺傷事件．5, 6 中国軍機が自衛隊機に異常接近．7 中共中央，周永康の立件，審査を決定．

参考文献

全体にかかわるもの

岡部達味『中国近代化の政治経済学』PHP 研究所，1989
国分良成，添谷芳秀，高原明生，川島真『日中関係史』有斐閣アルマ，2013
呉敬璉『現代中国の経済改革』NTT 出版，2007
毛里和子『現代中国政治(第 3 版)』名古屋大学出版会，2012

第 1 章

天児慧『鄧小平―「富強中国」への模索』岩波書店，1996
家近亮子「中国における階級概念の変遷―毛沢東から華国鋒へ」(加茂具樹，飯田将史，神保謙編著『中国　改革開放への転換―「一九七八年」を越えて』)慶應義塾大学出版会，2011
于光遠『1978：我親歴的那次歴史大轉折：十一届三中全會的台前幕後』天地図書，2008
宇野重昭，小林弘二，矢吹晋『現代中国の歴史 1949～1985―毛沢東時代から鄧小平時代へ』有斐閣選書，1986
大島一二『現代中国における農村工業化の展開―農村工業化と農村経済の変容』筑波書房，1993
高文謙(上村幸治訳)『周恩来秘録(上・下)』文藝春秋，2007
国分良成『現代中国の政治と官僚制』慶應義塾大学出版会，2004
高原明生「現代中国史における一九七八年の画期性について」(加茂ほか編著，前掲書)
中共中央文献研究室編『陳雲伝(上・下)』中央文献出版社，2005
陳錦華(杉本孝訳)『国事憶述―中国国家経済運営のキーパーソンが綴る現代中国の産業・経済発展史』日中経済協会，2007
鄭謙『中国：従文革走向改革』人民出版社，2008
矢吹晋『毛沢東と周恩来』講談社現代新書，1991
Akio Takahara, *The Politics of Wage Policy in Post-Revolutionary China* (Studies on the Chinese Economy), Palgrave Macmillan, 1992

第 2 章

エズラ・F・ヴォーゲル(益尾知佐子，杉本孝訳)『現代中国の父 鄧

小平(上・下)』日本経済新聞出版社，2013
駒形哲哉「解放軍ビジネスと国防工業(軍民転換・軍民兼容)」(村井友秀，阿部純一，浅野亮，安田淳編著『中国をめぐる安全保障』MINERVA 人文・社会科学叢書)ミネルヴァ書房，2007
下野寿子『中国外資導入の政治過程—対外開放のキーストーン』法律文化社，2008
内藤二郎「財政体制改革の再検証と評価」(中兼和津次編著『改革開放以後の経済制度・政策の変遷とその評価』NIHU 現代中国早稲田大学拠点 WICCS 研究シリーズ 4)早稲田大学現代中国研究所，2011
長尾雄一郎，立川京一，塚本勝也「冷戦終結後の軍事交流に関する研究」防衛研究所紀要，第 4 巻第 3 号，2002
平松茂雄『中国軍現代化と国防経済』勁草書房，2000
馬成三『現代中国の対外経済関係』明石書店，2007
丸川知雄「中国—直接投資導入政策の模索過程」(谷浦孝雄編『アジアの工業化と直接投資』アジア工業化シリーズ 7)アジア経済研究所，1989
三宅康之『中国・改革開放の政治経済学』(MINERVA 人文・社会科学叢書)ミネルヴァ書房，2006

第 3 章

浅野亮「軍事ドクトリンの変容と展開」(村井友秀ほか編著，前掲書)
江藤名保子『中国ナショナリズムのなかの日本—「愛国主義」の変容と歴史認識問題』(現代中国地域研究叢書)勁草書房，2014
梶谷懐『現代中国の財政金融システム—グローバル化と中央—地方関係の経済学』名古屋大学出版会，2011
呉敬璉，魏加寧「東亜金融危機的影響，啓示和対策」改革，1998 年第 2 期
清水美和『中国はなぜ「反日」になったか』文春新書，2003
張厚義，劉平青「私営企業主階層中的共産党員」四川党的建設(都市版)，2004 年 1 期
唐亮『現代中国の党政関係』慶應義塾大学出版会，1997
平松茂雄『江沢民と中国軍』勁草書房，1999
丸川知雄「中小公有企業の民営化：四川省のケース」中国研究月報，第 626 号，2000
三船恵美「米台中関係の歴史と現状」(天児慧・浅野亮編著『中国・台湾』世界政治叢書)ミネルヴァ書房，2008
山本勲『中台関係史』藤原書店，1999

李欣欣「従東亜金融危機看我国的金融隠患」改革，1998年第3期
渡辺利夫，小島朋之，杜進，高原明生『毛沢東，鄧小平そして江沢民』東洋経済新報社，1999

第4章

NHKスペシャル取材班『激流中国』講談社，2008
興梠一郎『中国激流　13億のゆくえ』岩波新書，2005
国分良成編『中国は，いま』岩波新書，2011
清水美和『中国が「反日」を捨てる日』講談社＋α新書，2006
清水美和『「中国問題」の内幕』ちくま新書，2008
清水美和『「中国問題」の核心』ちくま新書，2009
園田茂人『不平等国家 中国』中公新書，2008
高原明生，服部龍二編『日中関係史 1972—2012　I 政治』東京大学出版会，2012
津上俊哉『岐路に立つ中国』日本経済新聞出版社，2011
丸川知雄『チャイニーズ・ドリーム—大衆資本主義が世界を変える』ちくま新書，2013

終章

朝日新聞中国総局『紅の党　完全版』朝日文庫，2013
興梠一郎『中国　目覚めた民衆』NHK出版新書，2013
吉岡桂子『問答有用　中国改革派19人に聞く』岩波書店，2013